重度障害者用
意思伝達装置 操作スイッチ
適合マニュアル

日向野和夫 著

田中勇次郎 医療監修

三輪書店

はじめに

　コミュニケーション障碍を有する難病者のコミュニケーション支援の一つに，入力装置を用いた「重度障害者用意思伝達装置（以下，意思伝達装置）」の活用が広く知られるようになり，意思表示や介護要求の発信だけでなく，自身の介護手順を記したマニュアル書の作成や家族の献立づくり，メールやインターネットなど生活するうえでの必須用具となっている．

　しかしながら，この入力装置の適合の難しさが支援者にとって深刻な課題となっており，関係者の間で「誰でもが取り組める支援のすそ野を広げる連携づくりと，支援技術の向上のための伝達講習の必要性」についていわれてから久しい今日である．

　また，コミュニケーション障碍の支援に携わる多くの人が初めての支援となる手探りの現状に加え，身近に相談できる経験者が見当たらないという，希少分野に共通した技術の蓄積の限界や経験豊富な支援者が少ないという現状にある．

　本書は入力装置の適合評価と機種の選定や設置など実践的な手引書としており，専門用語や身体機能などを含め，難病疾患の特性の説明は難病情報センターなどのホームページ，インターネットや各種書籍などから入手可能なこともあり省略をしている．

1　対象者

　意思伝達装置の使用対象者は以下の疾患があげられ，コミュニケーション障碍を伴う難病疾患者が圧倒的に多く利用している．

① 筋萎縮性側索硬化症（ALS：Amyotrophic Lateral Sclerosis）
② 筋ジストロフィー（MD：Muscular Dystrophies）
③ 脊髄性筋萎縮症（SMA：Spinal Muscular Atrophy）
④ 脊髄小脳変性症（SCD：Spino-Cerebellar Degeneration）
⑤ 多系統萎縮症（MSA：Multiple System Atrophy）

⑥ 脳性麻痺（CP：Cerebral Palsy）
⑦ 脳血管障害（CVA：Cerebrovascular Accident）
⑧ 頭部外傷

2　意思伝達装置の導入時期

　意思伝達装置の導入時期は，「発話」「書字」の2つの表出手段の喪失による対面における意思疎通に支障をきたす時であって，いずれかの表出手段が確保されている段階では，その利便性を実感しない時期尚早の導入支援となっている．

　表出手段の喪失前に，事前練習も兼ねて早めに機器導入の支援をしても，前述のとおり当事者が必要性を感じない状況にあると，支援者の押し付けの「たちの悪い」思い違いの支援といえる．

　先回りの支援は当事者の意思を十分に読み取っていないことが多く，周囲の思い込みは当事者にとってはた迷惑なことといえる．当事者からの要望の場合も現実的な機器の導入が当面の目標ではなく，当事者と支援者の共同作業による課題解決のスタートととらえる必要がある．

3　入力装置の支援開始と支援内容の移行

　対面における意思疎通に特段の不自由さを感じていないが，パソコンなど情報端末機器の操作のほうに不自由さを感じていることがある．

　マウスやトラックボールなどの市販されているポインティングデバイスの工夫で対応できることは多くある．

　この時，支援者は近い将来も見据えて，早い段階での意思伝達装置の導入を想定する傾向になりがちだが，情報端末機器の入力装置の支援と意思伝達装置の支援を，一緒くたにした取り組みにしないことが大切である．

　コミュニケーション障碍の支援は，支援者も職種や立場などさまざまであるが，入力装置の適合評価の課題のみに目を奪われず，当事者と家族の生活様式全般についての課

題をとらえる視点が大切である．

4 入力装置の操作に求められる条件

　意思伝達装置の使用には，スイッチの操作において以下の条件が基本的に必要になる．いずれかが生じる状態では，動作はあったとしても意思伝達装置の使用や実用的な活用は難しいといえる．
① 二度打ちなどの誤操作がない．
② 動作遅延による誤選択がない．
③ 不要な動作を伴わない．
④ 入力装置からの離脱動作に時間を要しない．
⑤ 筋攣縮や痙性麻痺が生じない．
⑥ ほかの身体部位の筋緊張亢進を伴わない．
⑦ 時間経過による随意動作の消失がない．

5 入力装置の適合評価の手順

① 現状の日常的な肢位・姿勢の状態で一番楽な動作を，身体には触れず目視のみの評価を最初に行う．
② ALS，SMAでは，顔面以外の部位で得意とされる動作（以下，優位な動作）がより効果的に発揮できる肢位の評価とどの部位が最大筋力となっているかを触診にて確認する．
③ SCD，MSA，パーキンソン関連疾患では，運動失調や不随意運動の振戦の大小に惑わされず，随意動作のある直近関節の固定など指先の随意運動を触診にて評価する．
④ その動作に適した操作スイッチの機種選定を行い，実際に使用する意思伝達装置で試行し，負担のない操作法となっているかなど評価する．一定時間，連続使用して問題点の検証を行い，当事者の使用感や快適性についても併せて確認を取る．

はじめに

　本書は，筆者の過去の300ほどの事例画像を基に入力装置の適合技術の入門書として，設置の手順など具体的に述べている．支援技術は実践において柔軟な発想が求められる技術でもあることから，多くの方にとって取り組みの参考になればと考える次第である．

● も く じ ●

はじめに iii

第1章 適合技術の基本　　1

- 1　用語の説明　2
  - 1.1　コミュニケーション障碍　2
  - 1.2　意思伝達装置　2
  - 1.3　入力装置　2
- 2　操作スイッチの特徴　3
- 3　操作スイッチの適合　6
  - 3.1　適合評価に必要な基本条件　6
  - 3.2　適合評価に必要な操作スイッチと固定具　7
- 4　スイッチの操作における評価の基本　9
  - 4.1　筋萎縮性側索硬化症　9
  - 4.2　筋ジストロフィー　10
  - 4.3　脊髄性筋萎縮症　10
  - 4.4　脊髄小脳変性症，多系統萎縮症　11
  - 4.5　脳性麻痺（アテトーゼ型など）　12
  - 4.6　脳血管障害　13
  - 4.7　閉じ込め症候群（ロックドイン・シンドローム）　13
- 5　操作スイッチの設置の基本　15
  - 5.1　生活動作の妨げにならない場所　15
  - 5.2　介護の妨げにならない場所　15
  - 5.3　反力，固定力のある場所　15
  - 5.4　操作する身体部位の荷重方向に設置しない　16
  - 5.5　運動方向に直交する位置　17
- 6　スイッチの操作に影響を及ぼす要因の排除　18
  - 6.1　安定した姿勢　18
  - 6.2　意思伝達装置の配置と視野　18
- 7　操作スイッチの再適合　19

第2章 筋萎縮性側索硬化症に対する操作スイッチの適合　　21

- 1　はじめに　22
  - 1.1　操作スイッチの使用が困難な状態　22
- 2　手指　24

- 2.1 動作・操作についてのステージ　24
- 2.2 物を握ることができる　24
- 2.3 物を握ることはできないが，リモコンボタンなどは押せる　28
- 2.4 リモコンボタンなどを押すことはできないが，動きはある　31
- 2.5 微小・微弱な動きはある　34

3　肘　42
- 3.1 動作・操作についてのステージ　42
- 3.2 リモコンボタンなどは押せる　42
- 3.3 リモコンボタンなどを押すことはできないが，動きはある　44

4　頭部　46
- 4.1 姿勢の評価　46
- 4.2 操作スイッチの設置　47
- 4.3 頭部が正中位にない　48
- 4.4 固定具の設置　49

5　顔面　50
- 5.1 額　50
- 5.2 まぶた　54
- 5.3 下顎，口唇，舌　57

6　足部　59
- 6.1 動作・操作についてのステージ　59
- 6.2 リモコンボタンなどは押せる　59
- 6.3 リモコンボタンなどを押すことはできないが，動きはある　62

第3章　脊髄小脳変性症，多系統萎縮症に対する操作スイッチの適合　65

1　はじめに　66
- 1.1 意思伝達装置の導入時の注意点　66

2　手指　66
- 2.1 随意的動作の評価の仕方　66
- 2.2 握る動作ができる　67
- 2.3 母指の屈曲　68
- 2.4 操作スイッチからの速やかな離脱動作　70

第4章　意思伝達装置の実用的使用の評価　73

1　カーソルの移動速度の適正評価　74
- 1.1 スイッチ操作の能力評価　74

- **1.2** 適正速度の評価の手順　74
- **1.3** 速度の評価方法　75

2　実用的な活用の評価　76
- **2.1** 高頻度の体位交換　76
- **2.2** 安定した姿勢の維持が困難　76
- **2.3** すぐに疲れる　76
- **2.4** 生活動作を妨げる使用法　76
- **2.5** 負担を強いる使用法　77
- **2.6** 意思伝達装置などの極端な低速移動速度の設定　77

3　操作困難な身体機能　78
- **3.1** 皮膚刺激による装着の拒絶　78
- **3.2** 装着によるスキントラブル　78
- **3.3** 微小かつ緩慢な動作　78
- **3.4** 動作開始の遅延　78
- **3.5** 振戦など不随意運動の抑制不能　78
- **3.6** 筋緊張の亢進　78
- **3.7** 随意運動を妨げる痙性の出現　79

4　支援者の役割　80
- **4.1** 適合評価者に求められる能力　80
- **4.2** 意思伝達装置の使用断念の先　81
- **4.3** 評価者の技能ステージ　82

第5章　操作スイッチの適合事例　83
1　操作スイッチの適合事例の紹介　84
- **1.1** 事例1：ALSの男性（手押しスイッチ）　84
- **1.2** 事例2：ALSの男性（ジェリービンスイッチ）　84
- **1.3** 事例3：ALSの男性（ポイントタッチスイッチ）　85
- **1.4** 事例4：ALSの女性（ポイントタッチスイッチ）　86
- **1.5** 事例5：ALSの男性（PPSスイッチ）　86
- **1.6** 事例6：ALSの男性（PPSスイッチ）　87
- **1.7** 事例7：MDの男性（PPSスイッチ）　88
- **1.8** 事例8：ALSの女性（手押しスイッチ）　88
- **1.9** 事例9：SCDの男性（特注スイッチ）　89

おわりに　91

第1章

適合技術の基本

1 用語の説明

1.1 コミュニケーション障碍

　本書においてコミュニケーション障碍とは，「発話」「書字」の2つの表出手段の喪失により，対面状況において意思疎通が困難な状態にあって，特に意思表出に障碍を有する状態にあるとする．

1.2 意思伝達装置

　意思伝達装置とは，ひらがななどの文字つづりによる文章表示とその発声，または要求項目やシンボルなどの選択による伝言の表示と発声などの機能を有する意思疎通の支援機器の総称である．

　その操作方法において，直接該当するキーなどを押す携帯用会話補助装置の「打鍵方式」と，該当項目の選択に入力装置を用いる重度障害者用意思伝達装置の「走査入力方式」や「凝視入力方式」などがある．

1.3 入力装置

　入力装置とは，意思伝達装置・パソコン・通信装置（ナースコール）・電動車椅子などの操作に用いる制御機器の総称で，意思伝達装置に用いる入力装置を「操作スイッチ」，パソコンに用いる入力装置を「ポインティングデバイス」，電動車椅子に用いる入力装置を「コントローラー」と称する．

2 操作スイッチの特徴

　操作スイッチの分類を「障害者の日常生活及び社会生活を総合的に支援するための法律（障害者総合支援法）」（厚生労働省）の「補装具」にある「重度障害者用意思伝達装置」の修理・購入に定める分類方式と名称で述べる（**図 1-1，表 1-1**）．

① 接点式入力装置の操作方法は，操作部位を押し付ける動作．
② 帯電式入力装置の操作方法は，人の静電気を利用した，露出した肌で触れる動作．
③ 筋電式入力装置の操作方法は，適応事例はきわめて稀であるが，筋収縮の感知できる皮膚に直接装着．
④ 光電式入力装置の操作方法は，発光部への接近などの動作．
⑤ 呼気式入力装置の操作方法は，息を吹きかける動作．
⑥ 圧電素子式入力装置の操作方法は，センサー部の歪みを生じさせる動作．
⑦ 空圧式入力装置の操作方法は，センサー部の空圧変化を生じさせる動作．

　圧電素子式入力装置は，センサー部がピエゾ・センサーとなっている．
　空圧式入力装置は，センサー部に折り畳んで使用できるエアーバッグセンサー（以下，エアーバッグ）と板状のディップスポンジセンサー（以下，ディップスポンジ）とがある．

注）上記にある操作スイッチは，病院や福祉施設のナースコールのスイッチとして直接接続して使用することは，差し込み口の形状などの関係からできない．

第1章 適合技術の基本

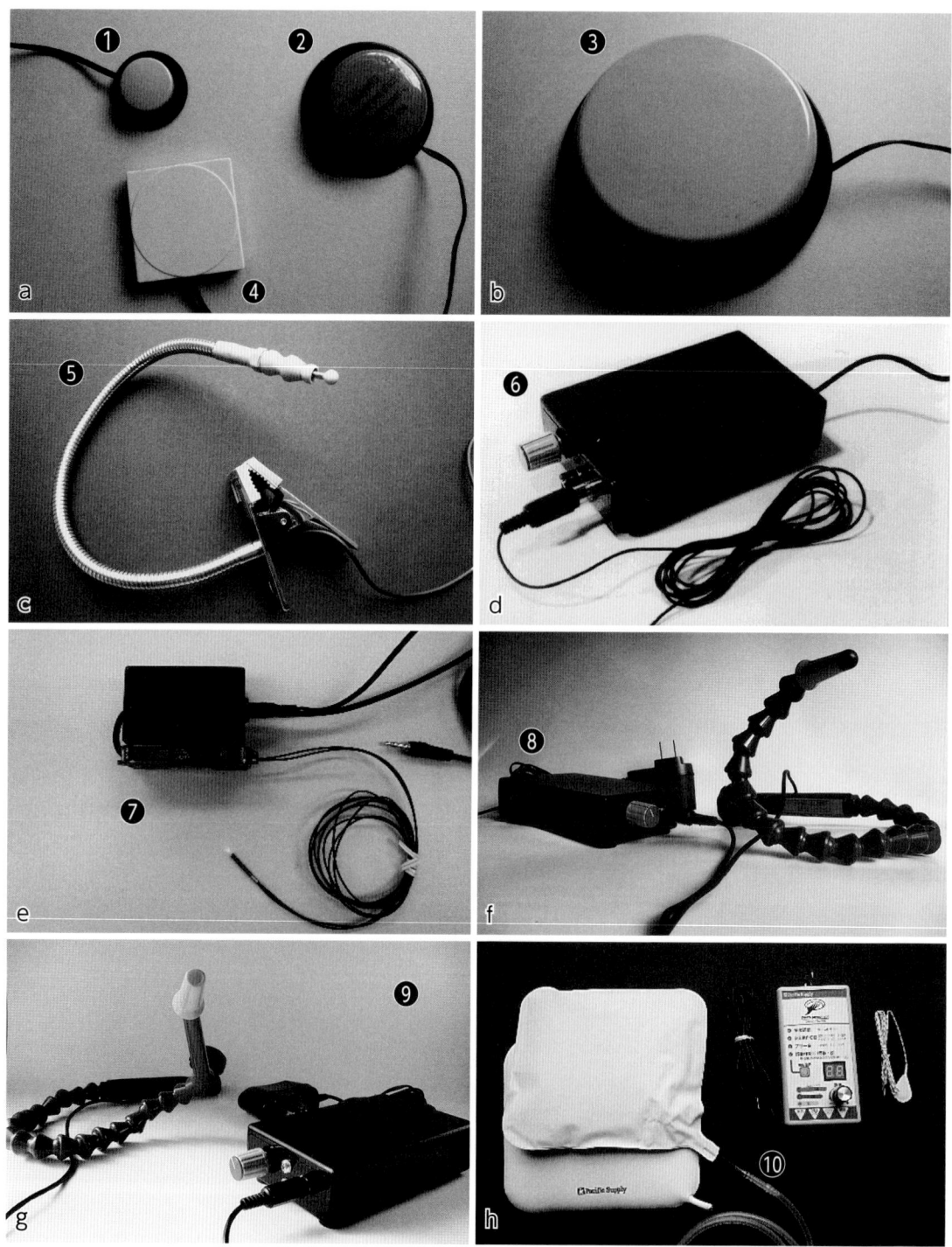

図1-1 代表的な操作スイッチの機種
番号は表1-1の代表的な商品名の操作スイッチを示している．
a～c. 接点式入力装置，d．e. 帯電式入力装置，f. 光電式入力装置，g. 呼気式入力装置，h. 圧電素子式入力装置．

2 操作スイッチの特徴

表 1-1 代表的な操作スイッチの機種と特徴

厚生労働省の分類法	代表的な商品名	特徴	注意点
接点式入力装置	❶スペックスイッチ ❷ジェリービンスイッチ ❸ビッグスイッチ ❹手押しスイッチ ❺ホッペタッチスイッチ	電源不要	
帯電式入力装置	❻ポイントタッチスイッチ ❼ピンタッチスイッチ	人の静電気を感知する	瞬発的な接触では感知しない
筋電式入力装置	EOG センサー*	皮膚の筋収縮を感知する	小さな動きや緩慢な動きでは感知しない
光電式入力装置	❽ファイバースイッチ 光電タッチスイッチ*	赤色光の反射距離の変化を感知する	
呼気式入力装置	❾ブレスマイクスイッチ 呼気スイッチ*	呼気を感知する 声を感知する	
圧電素子式入力装置	❿ PPS スイッチ	ピエゾ・センサーの歪みを感知する	不随意運動や大きな動きには誤作動を起こし,不向き
空圧式入力装置		空圧の変化を感知する	

注1:表内の数字は図1-1のスイッチの商品名を示す.
注2:接点式入力装置以外の入力装置は電源を必要とする.
*:EOG センサー,光電タッチスイッチ,呼気スイッチの適応事例は少ないこともあり,写真の掲載を省略した.

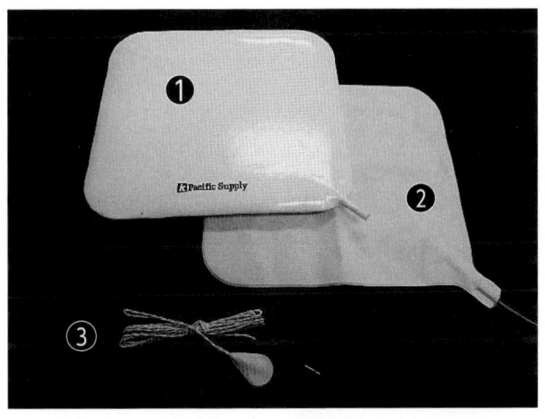

図 1-2　PPS スイッチのセンサーの構成
空圧式のディップスポンジ(①),エアーバッグ(②),
圧電素子式のピエゾセンサー(③).

図 1-2 は「ピエゾニューマティックセンサスイッチ(Piezo Pneumatic Sensor Switch)」を略して「PPS スイッチ」と称している.

3 操作スイッチの適合

　操作スイッチの適合とは，意思伝達装置を活用するための実用性を踏まえた下記の3つの要素を併せ持つ総合的な支援技術である．
① スイッチの操作にとって有効な動作の評価．
② 各操作スイッチの特性の理解．
③ 操作スイッチの設置の技術．
　操作スイッチの適合技術では，これらの3要素は切り離すことができない関係にあり，いずれか1つが不十分であると快適性の劣るスイッチの操作を強いることになる．
　当事者にとって快適な使用法を実現することが支援者の役割であり，技術的に劣ったとしても当事者の満足度が得られれば，当初の目的は達成される．その満足度をさらに高めるために，3要素である「適切な運動機能の評価」と「機種選定」と「設置」に関する能力が必要となる．
　支援技術は製品の開発などの技術革新と連動する関係にあって，時に劇的変化を遂げることがある．操作スイッチの設置に関しても設置手順を含め変化を遂げるダイナミックな技術であり，支援者の固定概念が技術の向上を阻害する要因にもなる．

3.1 適合評価に必要な基本条件

　適切な評価を行う際に留意すべき点は次のとおりとなる．

1) 実機試行による評価の原則
　カタログ情報に依存せず，試行時に必要な意思伝達装置と複数の操作スイッチの手配を確実にしておくことが基本的な条件となる．
① 準備不足による不適切な機種選定を防止する．
② 評価者の経験則による機種選定を防止する．
　操作スイッチは多数販売されているが，基本的な機能は限定されており，必ずしもたくさんの種類を準備する必要はない．
　しかし，評価の際に必要な機種が少ない状態では適切な評価を行えず，やり直し

となるため，時間と労力の無駄となるので注意が必要となる．評価時に準備しておくことが望ましい機器は後述する．

2) 使用環境下での評価の原則

意思伝達装置を活用する生活の場（実際に使用する椅子やベッド）で，スイッチの操作や設置をすることが適切な評価となる．仮の場面での評価は当事者に使用するイメージを提供する程度に過ぎない．

① 椅子やベッドなどは姿勢や肢位に影響を与え，スイッチの操作に深い関わりのある要素である．
② 操作スイッチの設置や固定の仕方など必要な対策の検証ができる．
③ 機器の使用によって生活様式や介護などの負の影響の検証ができる．

実際に使用する環境での適合評価は，単に運動能力に適した機種の選定だけでなく，意思伝達装置の活用に関連する総合的な支援技術が必要とされる．

3) 家族・関係者から「動き」についての聴き取り

適合評価の作業における見落としを最小限に防ぎ，家族・関係者からの聴き取りによる先入観をもたず，補完情報としてとらえることが基本となる．

家族・関係者からの情報は重要で評価を行う際の手がかりとなるが，スイッチの操作にとって必ずしも有効な部位や動作を把握しているとは限らない．

現状の意思確認の合図の動作を維持し，スイッチの操作として適切な操作部位を評価する．

4) 当事者の意向

適合評価の過程は，当事者の感想や意見を求め，状況を確認しながらの共同作業である．評価結果と当事者の操作部位に関する要望が異なる場合，当事者の意向を優先するのが基本となり，評価者はその相違を把握する力量が求められる．

評価にあたっては必要以上の機種の試行は避ける必要があり，初回に短時間でいろいろな機種を体験すると当事者の混乱を招き，どれが使いやすい機種か記憶が薄れるので注意する．

3.2 適合評価に必要な操作スイッチと固定具

接点式入力装置は「手押しスイッチ」ともいい，この電源を必要としない比較的安価な操作スイッチは多数販売されている．手押しスイッチは，大きさ，厚さ（高

第 1 章　適合技術の基本

図 1-3　スタンダードアーム

さ），押し付ける強さによってそれぞれの特徴をもっているが，微妙な差異は基本的な評価に影響を与えることは少なく，その差異にこだわる必要はない．

1) 適合評価時に最低限準備しておく必要がある操作スイッチ
   ① ジェリービンスイッチ
   ② スペックスイッチ
   ③ 手押しスイッチ
   ④ ポイントタッチスイッチおよびピンタッチスイッチ先端部
   ⑤ PPS スイッチ

2) 準備が望ましい固定具

　　ポイントタッチスイッチなどでは固定具が必要となる．また，ビッグスイッチなどを固定するには，スタンダードアーム（**図 1-3**）とユニバーサルプレートが必要となる．

　　フレーム型の固定具は複数あるが，高額な固定具が必ずしも適切とは限らない．

3) 支持具

　　望ましい支持具の素材は以下のとおりとなる．
   ① 操作する部位の支持面と操作スイッチの設置には，硬質ウレタン．
   ② 握る操作の把持具には 30mm ϕ ほどの円柱の素材．
   ③ タオルやネット包帯．

4 スイッチの操作における評価の基本

意思伝達装置のスイッチの操作に有効な動作の評価は，疾患の障害特性によって視点が異なる．

以下，疾患別に評価の基本を述べる．

4.1 筋萎縮性側索硬化症

評価法は目視による観察と触診による筋力測定であるが，操作スイッチを実際に試行する過程で実用的な操作法を確定する適合評価となる．

1) **観察および触診による評価**

a. **優位な動作はどこか？**

手指の屈曲・伸展，手関節の掌屈・背屈，足指の屈曲・伸展，前腕の回内・回外，頭部の回旋，眼球の拳上などの動作が評価の対象となる．

b. **優位な動作が効果的に発揮される肢位はどれか？**

動作が最大に発揮される肢位の評価は，基本的な運動機能の評価としての必要性はあるが必須ではない．実用的評価としては日常生活における安楽肢位での評価が基本となる．

ただし，優位な動作が最大に発揮される肢位が必ずしもスイッチ操作に適した肢位とはならない．

c. **優位な動作が効果的に発揮される操作部位の支持はどこか？**

操作部位の支持面は，手関節や足関節の部分，指の基節部〔中手指節（MP[注1]）関節〕，指の中節部〔近位指節（PIP[注2]）関節〕までとなる．

d. **操作の実用性はどうか？**

意思伝達装置の操作で以下の状態にあることを確認する．

① 二度打ちなどの誤操作がない．

② 動作に遅れがない．

注1) metacarpophalangeal
注2) ploximal interphalangeal

③ 不要な運動を伴わない．
　近位の関節が連動していない．初めの動き（初めの運動方向）がスイッチの操作となっている．

④ 筋けいれんや痙性麻痺が強まることがない．
　筋線維束性攣縮や筋けいれんが生じる動作は，当事者に負担の高いスイッチの操作となっている．

⑤ ほかの部位の筋緊張亢進を伴わない．
　操作部位以外の筋緊張の亢進が生じる動作は，当事者に負担の高いスイッチの操作となっている．

4.2　筋ジストロフィー

　意思伝達装置ではなく，パソコン操作に必要なポインティングデバイスの総合的な評価となることが多い．

1）観察および触診による評価

　MDのスイッチの操作は，母指の動作が基本的な評価対象の部位となる．変形・拘縮した母指の動作が目視で確認できない状態では，評価者は手掌内を触診にて評価する．変形・拘縮した母指の内転動作が押し付ける部位を確認する．
　母指の動作が目視で確認できる状態では，指節間（IP[注]）関節の動作を確認する．

4.3　脊髄性筋萎縮症

　最大動作となる部位を目視で，最大筋力の部位を触診にて評価する．

1）観察および触診による評価

a. **優位な動作はどれか？**
　SMAは，中指の屈曲，母指の外転，示指の伸展など指先の動作が基本的な評価対象の部位となることが多い．

b. **優位な動作が効果的に発揮される肢位はどれか？**
　指先の動きに影響を及ぼす腕の肢位を前腕中間位，回内位，回外位で評価する．操作する指先が小さいため，適応となる操作スイッチの機種が限定される．

注）interpharangeal

4.4 脊髄小脳変性症，多系統萎縮症

　　　不随意運動が顕著な場合，目視での随意動作のある部位の特定は難しく，触診による評価となる．随意動作の確認では，速やかな脱力動作の評価に重点が置かれる．

1) **触診による評価**
   a. **随意性のある動作はどこか？**
      　指先の動作が基本的な評価対象となる．
      ① 母指と示指・中指とのサイドピンチ，ピンチ動作．
      ② 手関節背屈位での中指などの屈曲動作．
   b. **振戦が効果的に抑制できる部位の固定**
      　MP，PIP 関節や母指の IP 関節などの固定による随意動作の出現の有無を確認する．

2) **操作スイッチの試行における評価**
   　文字選択ができる状態では 30 分ほど使い続けてもらい，時間経過に伴う変化についての評価は必須である．
   a. **スイッチの操作に必要な動作**
      ① 二度打ちなどの誤動作がない．
      ② 選択操作に動作の遅れがない．
      ③ 操作スイッチからの離脱動作に時間を要しない．
   b. **時間経過に伴う変化**
      ① ピンチ動作など運動方向．
      ② 筋緊張亢進などによる随意動作の消失．

3) **再適合**
   　ほかの進行性疾患と異なり，スイッチの操作ができる部位と動作は唯一のものであるため，症状進行に伴ってスイッチの操作に必要な随意性が消失すると再適合は不可能となる．

4.5　脳性麻痺（アテトーゼ型など）

なめらかで小さな動作の部位の評価となる．

1）観察および触診による評価

a. 観察

随意性が発揮しやすい姿勢を評価するために，座位・臥位の状態で全身について評価する．

姿勢保持装置を使用する場合，スイッチの操作に有効な姿勢を評価する．また，座位保持装置を使用する場合，必ずしもスイッチの操作にとって有効な動作が発揮されるとは限らず，評価にあたっては固定観念が適切な評価を妨げることがある．

b. 触診

指先などは観察と触診による評価をする．

（1）優位な動作はどれか？

操作スイッチとの位置関係から安定した姿勢であることが前提となる．

二度打ちなどの誤操作がない，動作に遅れがない優位な動作の評価となる．

以下の動作を評価することが多い．

① 指先の屈曲
② 前腕中間位，回外位での手関節背屈
③ 肘関節の屈曲
④ 膝関節の伸展
⑤ 足関節の底屈

（2）不要な動作を軽減する肢位

操作スイッチが遠方に位置する状態の場合，不要な動作を排除するために，初動位置ができるだけ近くなる肢位にする．

（3）筋緊張の変動を誘発しない

伸展・屈曲パターンを可能なかぎり誘発しない動作とする．

（4）安定した姿勢の確保（体幹の安定）

スイッチの操作をする手の反対側に固定された手すりなどを握り姿勢を保持することで，有効な動作が発揮されることがある．

（5）動作のコントロール（動作の安定）

スイッチの操作をする手の反対側にリモコンなどを握ることにより，有効な動作が発揮されることがある．

4.6 脳血管障害

重度四肢麻痺の事例の集積が不十分なため，経験則の域を出ないが，参考までに記しておく．

脳血管障害では，リハビリテーションやスイッチの操作の練習過程で操作方法や操作部位が変わっていく可能性があり，柔軟な対応が必要となる．

1) 観察および触診による評価
a. 優位な動作はどれか？
　① 肘関節の伸展．
　② 握る動作．
　③ 頭部の回旋動作．
b. 意思伝達装置の操作に必要な前提条件
　(1) 覚醒レベルの評価
　　意思疎通ができる覚醒レベルにあること．
　　覚醒レベルが短時間で変化する状態は，意思伝達装置を用いて意思表示を行う準備段階となるため，訓練の一つの手段として機器を利用して取り組む方法もある．
　(2) 視覚と視力
　　複視や視野狭窄などがなく，意思伝達装置の画面全体が見え，文字などの識別ができる視力と視覚が確保されている．
　　複視が文字選択に支障をきたす場合は，使用時に片目を塞ぐなどの工夫が必要となる．
　(3) 表出手段のみが喪失している
　　意思確認の際の合図となる動作が明確で，文字盤などで文字つづりによる的確な意思表示ができる．

4.7 閉じ込め症候群（ロックイン・シンドローム）

閉じ込め症候群は，脳血管障害における一つの症状であるが，優位な動作がみられる身体部位は前述の脳血管障害とは異なる．

1) 観察および触診による評価
a. 優位な動作はどれか？
　① 見上げる動作に伴う「まぶた」の拳上動作．

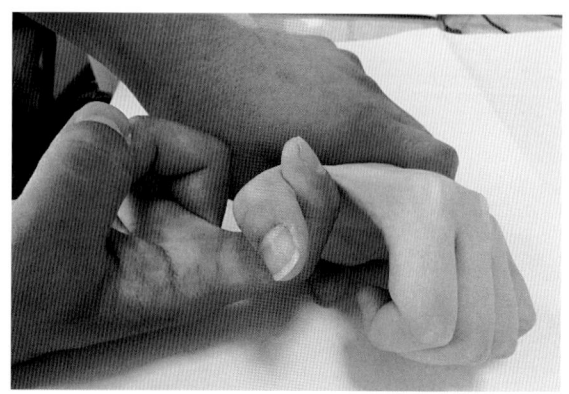

図 1-4 母指の随意性の評価
母指の IP 関節の随意性の評価は，IP 関節を伸展させた状態で観察する．

② 母指の IP 関節の微小な屈曲，伸展動作（**図 1-4**）．
③ 示指，環指などの微小な内転動作．

5 操作スイッチの設置の基本

操作スイッチの配置や固定の場所は使用に大きな影響を与える重要な事柄であり，以下の項目が基本となる．

5.1 生活動作の妨げにならない場所

当事者が家族などの行動を見る側に設置すると，スイッチの操作と見る動作が同じ状態となり，誤操作の頻度が高くなるだけでなく，見る動作に支障をきたすことになる．日常生活では体を動かさない方向にスイッチを設置する．

また，ベッドからトイレに行く動作を阻害しない場所へ設置するなど，当事者の優先順位の高い行為を妨げないように設置する．

車椅子にスイッチを設置する場合，移乗を妨げない位置で，移動の際に周囲にぶつからないコンパクトな形状にする．

5.2 介護の妨げにならない場所

吸引など介護や看護作業に支障をきたさない場所に設置する．

ベッドのヘッドボードやフットボードへの固定は，介護や看護行為の妨げにならない場所となる．ベッド周辺での介護や看護の動線を考慮し，作業が低頻度な側に設置するのが基本となる．

介護者は動き回る時に，ほかのことに意識が集中して固定具に気がつきにくいことが多く，固定具にぶつかって機器のトラブルとなるだけでなく，介護の際に余計な気遣いを強いることになるため，十分な配慮が必要となる．

5.3 反力，固定力のある場所

操作スイッチの設置場所に反力および固定力があれば，スイッチの操作感覚のフィードバックを確実に得ることができ，使いやすい状態となる．

車椅子の弾力性のあるアームサポートなど，固定力に乏しい個所には取り付けない．

押しボタン式の操作スイッチとタオルとの間に不要な隙間がある設置では，スイッチの操作時に操作スイッチ本体が動くため，当事者に不要な押し込み動作を強

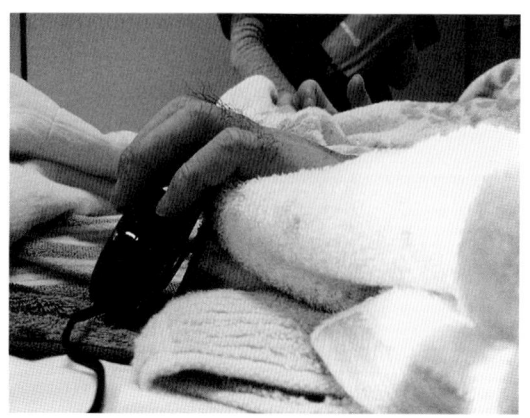

図1-5 操作スイッチとタオルの間に隙間がある不適切な設置例

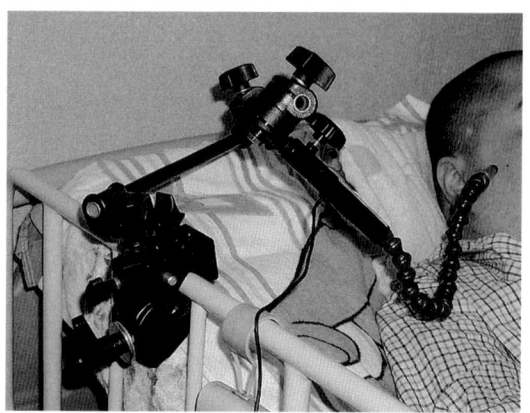

図1-6 固定力の弱いベッドサイドレールへの不適切な設置例

いることになる（**図1-5**）．

　また，反力が不確実な弾力性のある素材に設置する場合，スイッチの操作時に操作スイッチが不動の状態であることを確認する必要がある．

　がたつきのあるベッドサイドレールへの固定は，介護者などがベッドサイドレールに触れるなどで動いてしまう可能性がある．それによって操作部位と操作スイッチとの位置関係が変わることで操作不能に陥る状態となる（**図1-6**）．

　また，介護などでベッドサイドレールを取り外す際に，固定具も併せて取り外す手間が増えることになるため，ヘッドボードなどの設置が基本となる．

5.4　操作する身体部位の荷重方向に設置しない

　PPSスイッチを除いた操作スイッチの設置の基本は，操作する部位の荷重方向や傾斜方向に設置をしないことである．自重や姿勢の変化に影響を受けない措置が必須となる．

1）荷重方向に対する措置

　手など操作部位の自重により操作スイッチが反応したままの状態を避けるために，タオルなどで操作部位を支持し，動作によって操作スイッチが反応する状態にする．

　胸元などで握り込む操作スイッチでは，指先の自重と挟み込む空間が狭い状態にあると操作スイッチから指先を離しにくい状態となり，頻繁な位置調整が求められる．

手掌部および手関節をタオルなどで支持することで，スイッチの操作に必要な空間と自重の影響を回避することができる．

2) 傾斜方向に対する措置

スイッチの操作で姿勢が傾斜するなど，位置調整に限界がある場合は，安定した体幹保持ができる姿勢保持装置を活用する．

5.5 運動方向に直交する位置

操作スイッチの設置の基本は，はじめの運動方向に直交する位置にすることである．

運動方向に対して直交していない場合は，操作スイッチに対して平行動作や回転動作となり，スイッチの操作ができない状態となる．

また，直交していない操作スイッチの設置の場合，スイッチの操作が不確実な動作にみえることがあり，評価の際は注意を要する．

以上のことから，操作スイッチに到達する正確な運動方向の評価は必須である．

6 スイッチの操作に影響を及ぼす要因の排除

スイッチの操作によって，姿勢保持や画面を見つめる動作など不要な力が発生する状態は，操作スイッチの操作性の低下を招くだけでなく，身体的な負担を強いるため，当事者の疲労を増幅させる．

6.1 安定した姿勢

スイッチの操作をするために体幹保持に必要以上の筋力が働いている姿勢は，体幹の不安定感の影響を受けるため，効果的なスイッチの操作が発揮されない状態にある．

スイッチの操作によって体幹の傾斜が生じる状態は，日常でも無理な姿勢で過ごしているともいえる．

6.2 意思伝達装置の配置と視野

意思伝達装置のモニターの配置は，当事者の顔面に直交する位置とするのが基本となる（図1-7）．

モニターが不適切な配置にあると見えにくい状態にあるだけでなく，極端に見下げる・見上げる動作は持続的に眼球の負担を強いる状態となっている．

1) 角度と距離

モニターが顔面に直交するようベッドアップの角度に応じてモニターの高さや角度，位置の調節が必要である（図1-8）．

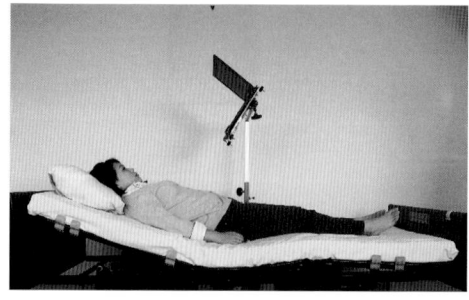

図1-7 顔面に直交する配置

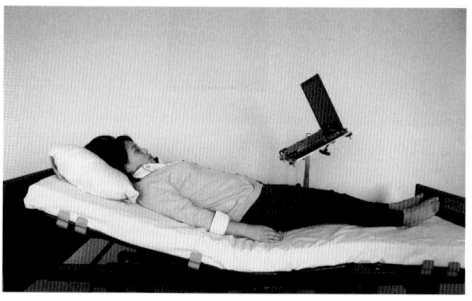

図1-8 モニターが顔面より下方にある不適切な設置

7　操作スイッチの再適合

　意思伝達装置の操作の過程で文字などの誤選択が多発する状態は，操作部位や肢位，操作スイッチのいずれかにその原因があることから再評価・再適合が必要となる．

　操作スイッチの設置方法の微調整など，家族・介護者が慣れている方法から大幅に変更することなく，可能なかぎり継続可能な使用法に改善することも重要となる．ただし，当事者にとって使いやすくても設置の負担が増大する状態は避ける必要がある．

　操作スイッチの位置調整に多大な時間を要したり，操作スイッチのトラブルが短期間に続発する状態も再適合が必要といえる．

　症状の進行に伴って随意運動の消失時間が多発する状態では，機種や操作部位の変更による改善効果は期待できず，現状維持が基本となる．

第2章

筋萎縮性側索硬化症に対する操作スイッチの適合

1 はじめに

操作スイッチの適合評価の基本は，症状の進行状況に関係なく，評価の時点で最も使いやすい機種と操作しやすい方法を見つけ出すことにある．
① スイッチの操作として有効な動作の評価．
② その動作に適した操作スイッチの機種の選定．
③ 操作スイッチの適切な設置．

稚拙な適合技術でも当事者の満足感が得られていれば堅実な支援であって，支援者の努力によって適合技術は後からついてくるものである．

この満足度をさらに高める「快適なスイッチの操作の実現」のために，適合評価と操作スイッチの設置技術が求められる．

ALSの進行に気をとられた機種の選定は，「いま，最も使いやすい」状態ではなく，「長く使えると思える」といった思い込みの選定であり，適切な評価とはならない．

1.1 操作スイッチの使用が困難な状態

スイッチの操作が可能な動作であったとしても，以下の状態では意思伝達装置の使用や実用的な使用は困難である．

1) 皮膚刺激による装着の拒絶

皮膚装着方式以外の機種の選択肢がなく皮膚に操作スイッチを装着した場合，適切なスイッチの操作を確認してもテープの装着に強い違和感や不快感の訴えがあると，使用不可となる．

当事者が操作スイッチを皮膚へ装着することを拒否すると，家族などが「見栄えの問題」と誤ってとらえ，「我慢すれば」と押し付けることがある．しかし，当事者にとって異常といえる違和感からくる拒絶であり，外見上の問題ではないので注意を要する．

2) 装着によるスキントラブル

皮膚装着方式以外の手段がなく，装着によるスキントラブルが生じる場合，選択肢がなくスイッチの使用が不可能となる．

装着後 20 分程度で皮膚が赤くなる状態は，スキントラブルを起こすサインとなる．

3) 極度の微小な随意動作

　筋力低下が著しく，操作スイッチの感知能力に対応できない微小かつ緩慢な動作の状態は使用不可となる．

　目視で微小な動作が確認できても操作スイッチの装着によって動作を阻害する状態に陥るなど現存の操作スイッチの使用法には限界がある．ただし，技術革新で解決可能な領域である．

4) 動作開始の遅延

　動作開始の遅延など随意動作の消失状態が多発する場合はスイッチの操作が不能となる．支援者などは，この状態を進行に伴う単なる操作スイッチの不適合の問題と捉えることが多く，スイッチの操作に必要な条件を満たしていない状態を軽視する傾向にある．

　次項より，身体部位ごとにスイッチの操作に必要な動作の評価と操作スイッチの設置の基本について説明をする．

2 手指

　　手指の動作について，具体的な操作状態を適合評価の目安として4つのステージに分類している．

2.1　動作・操作についてのステージ

① 物を握ることができる．
　該当する操作スイッチ：手押しスイッチ．
　支持具や固定具を不要とする．
② 握り込むことはできないが，リモコンボタンなどは押せる．
　該当する操作スイッチ：手押しスイッチ．
③ リモコンボタンなどを押すことはできないが，動作はある．
　該当する操作スイッチ：ピンタッチスイッチ，ファイバースイッチ．
④ 微小・微弱[注] な動作はある．
　微小な動作への操作スイッチの設置はきわめて困難な状態にあり，意思伝達装置の使用が可能な最終ステージとしている．
　該当する操作スイッチ：PPS スイッチ，ピンタッチスイッチ．
　ステージの相違では，「①と②」「③と④」の運動機能の差異はそれほどでもないが，「②と③」では決定的に異なる状態にあり，①と②は押しボタン式スイッチが基本となり，③以降はセンサー式のスイッチとなる．

2.2　物を握ることができる

　　目視で動作を確認し，意思伝達装置の試行でスイッチの操作の評価を行う．
　　該当する機種：スペックスイッチ，手押しスイッチなど．

注）本書では 3mm 以下の動作を微小・微弱としている．

図 2-1　スペックスイッチ　　　図 2-2　手押しスイッチ（薄型）

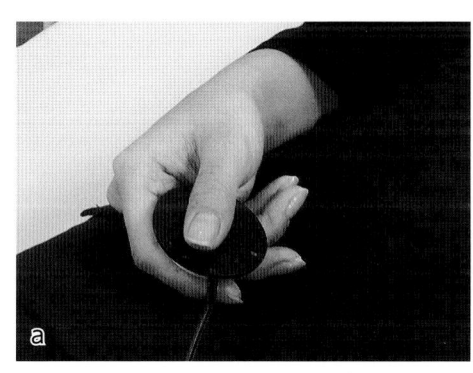

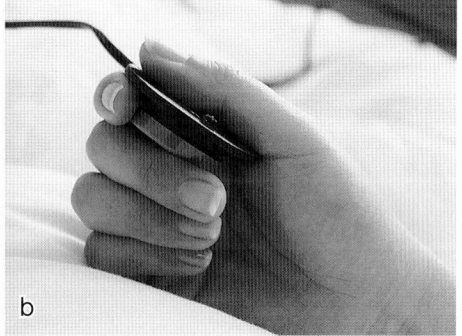

図 2-3　スイッチの操作面
a. 裏返ししたスペックスイッチ，b. 把持と操作の確認

1) 複数機種の試行

　　電動ベッドの手元リモコンの操作など日常的な手指の動作を目視で確認し，意思伝達装置を把持しやすい操作スイッチで試行し，当事者の手にフィットする押しやすい機種を確認する．手掌に収まる操作スイッチの試行で，操作スイッチの把持と指先だけでなく手関節を含め，滑らかな操作であることを確認する（**図 2-1**）．

　　操作スイッチの把持が安定しないなど操作しにくい状態の場合は，薄型の機種に変更して試行し，その差異を観察する（**図 2-2**）．

2) スイッチの操作と把持の評価

　　操作スイッチはスイッチ面に向かって必ずしも押し込む必要はなく，裏面を表にしたほうが操作しやすい時もあり，使用法に先入観をもたないことが必要である．握ってスイッチの操作をする場合も，スイッチ操作面は必ずしも表である必要はなく，裏表を逆にした使用法が適していることもあり，母指の動作と把持が滑らかな状態であることを観察する（**図 2-3**）．

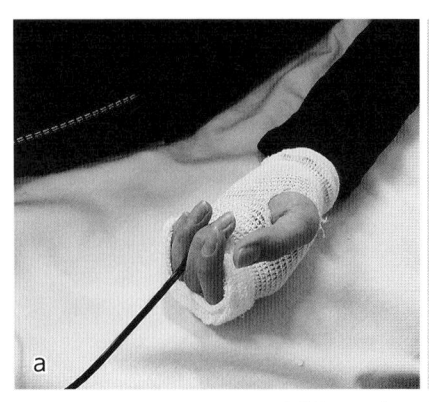

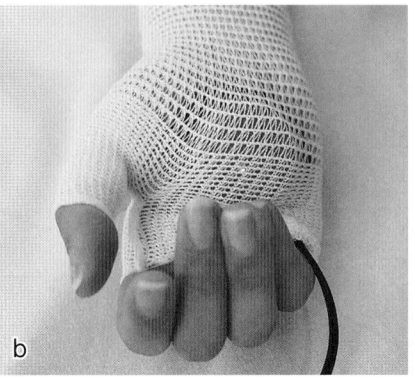

図 2-4　ネット包帯の活用
a. 母指を除いて包み込む，b. 操作スイッチの位置調整

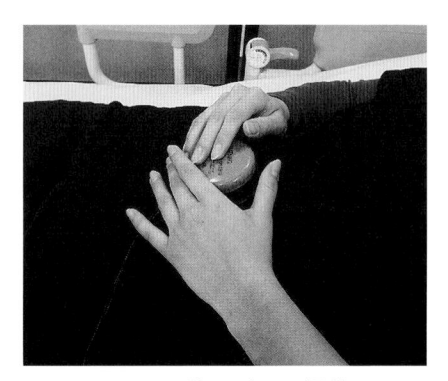

図 2-5　体に乗せて操作

　操作スイッチのベルトによる装着は適切な設置が難しいことが多く，ネット包帯で手掌部ごと操作スイッチを包み込む簡便な固定法がある（**図 2-4**）．この固定法では，操作スイッチの脱着が簡便となるが，圧迫感や発汗などスキントラブルの有無を確認する必要がある．

3) 握る操作が不安定

　把持によるスイッチの操作をする場合，以下の状態は不適切な操作方法となっている．
　① 操作スイッチの握り直しが多い．
　② 操作する指先が定まらない．
　しかし，この状態でも，操作スイッチを手元に引き寄せることができる状態にあれば，腹や胸に操作スイッチを置いて操作する方法で試行する．当事者が操作しやすい使用法の工夫は期待できる．
　スペックスイッチなどを使用し，握る操作が定まらない状態の場合，握るスイッ

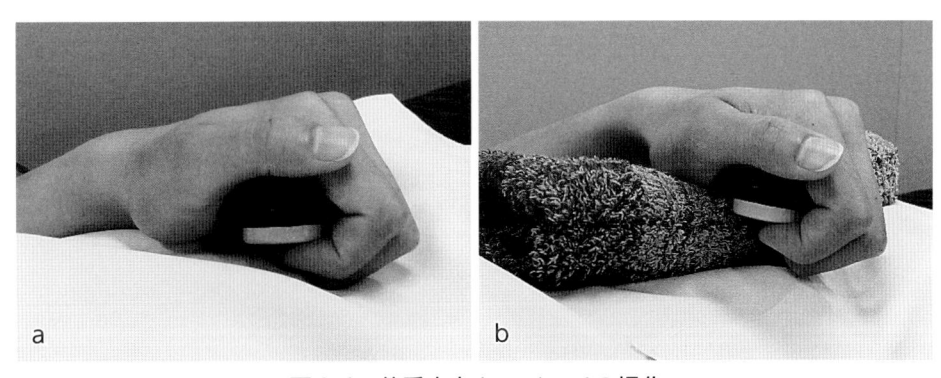

図 2-6 荷重方向とスイッチの操作
a. 自重の影響を受ける操作スイッチ，b. 手掌部の支持

図 2-7 筋力低下に伴う操作

チの操作ではなく，腹や胸元などにジェリービンスイッチなどを置いた操作で試行する（**図 2-5**）．

4) 手掌部の支持

　胸元で握り込むスイッチの操作では，確実に操作ができる操作スイッチの手段が必要となる．

　回内位で手掌内でスペックスイッチを握り込む操作の場合，手掌部の自重と握り込みによりスイッチ面からの離脱が不十分となり，操作スイッチが押し込まれたまま操作不能となることがある（**図 2-6 a**）．

　それに対して，手関節部をタオルなどで支持することで自重の回避とスイッチ面からの離脱に必要な空間が確保される（**図 2-6 b**）．

5) 負担の高いスイッチの操作

　指腹ではなく折り曲げた指先でスイッチの操作をする状態は（**図 2-7**），操作に

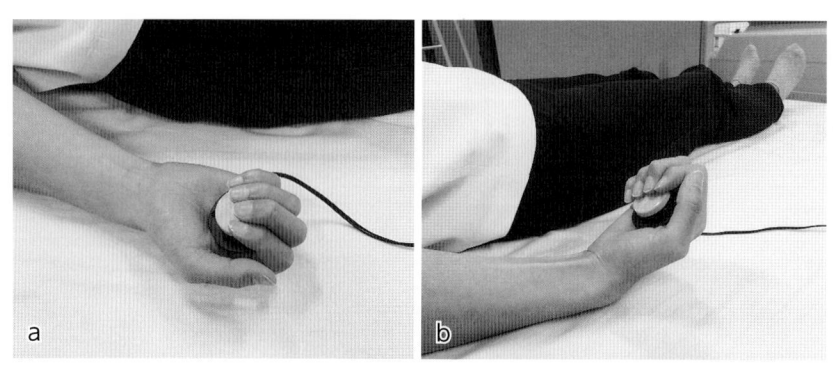

第2章　筋萎縮性側索硬化症に対する操作スイッチの適合

図 2-8　負担のかかる動作
a. 通常の操作，b. 手関節の屈曲を伴う動作

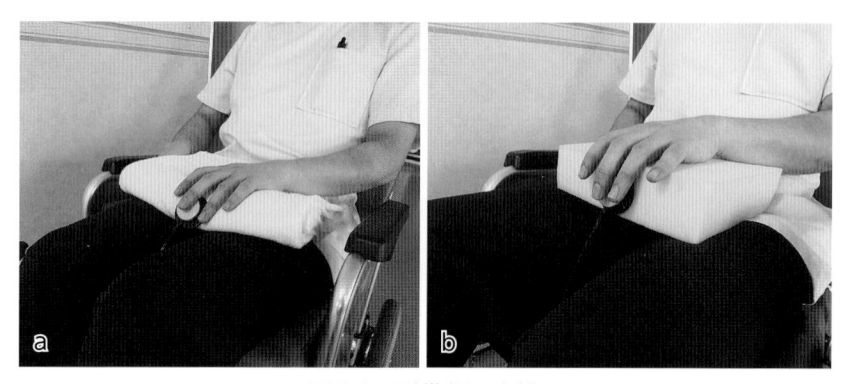

図 2-9　手掌部の支持
a. タオルで支持，b. ウレタンで支持

必要な筋力を得るために生じる動作となっている．触診にて筋力を評価し，スペックスイッチなどの操作が妥当か確認する．

　指先を折り曲げて操作する場合は押しボタン式のスイッチの使用が限界に近いことを示しており，当事者に負担を強いる状態にあるため，長時間の使用は指先の変形拘縮をもたらすことがある．そのため，使用後に指先をマッサージするなど拘縮予防に努めることが望ましい．

　手関節掌屈を伴った握り込む動作はスイッチの操作には不要な運動であり，負担を強いる操作方法となっている（**図 2-8**）．

2.3　物を握ることはできないが，リモコンボタンなどは押せる

　該当する機種：スペックスイッチ，ジェリービンスイッチ，手押しスイッチなど．

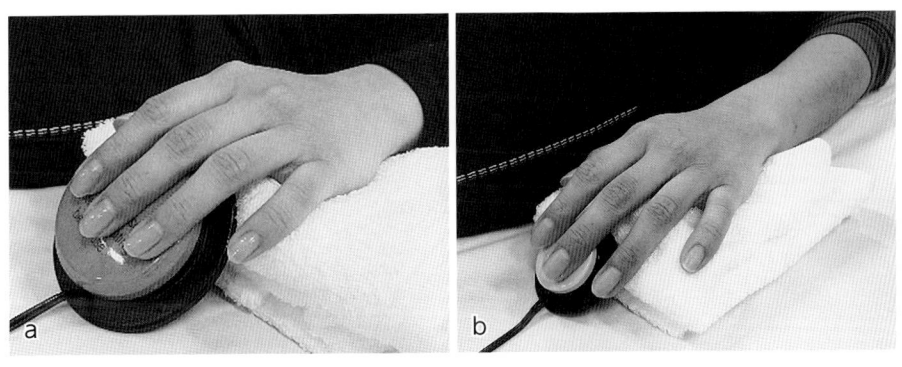

図 2-10　大きさ，厚さなどの評価
a. ジェリービンスイッチ，b. スペックスイッチ

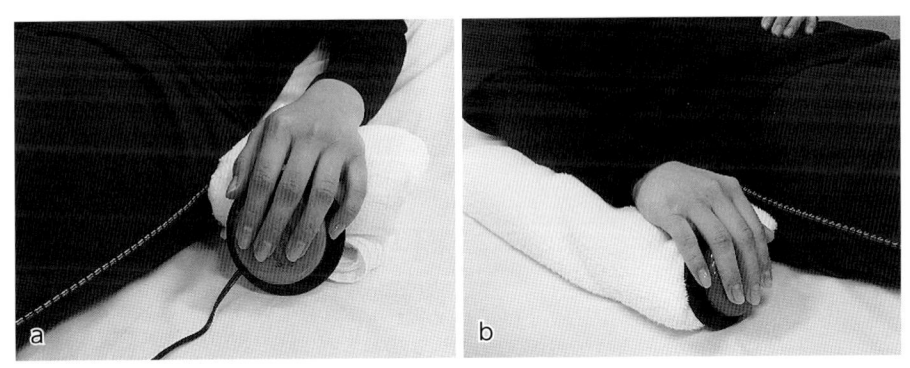

図 2-11　効果的に発揮される支持面
a. 手掌部の支持，b. 前腕部の支持

1) 操作に適したスイッチの大きさと設置の固定力

　　スイッチ操作をする使用環境に応じた設置と固定の工夫が必要となる．スイッチの操作に支障をきたさない大きさと安定した設置ができるスペックスイッチなどを選定する．

　　MP 関節までをタオルやウレタンで支持することで優位な動作が発揮される状態の場合，スペックスイッチなどを支持具に沿って設置することで操作しやすくなる（**図 2-9**）．

　　スイッチの操作に適した機種の選定は，PIP 関節までがスイッチの操作面にある状態（**図 2-10 a**）と DIP 関節までの状態（**図 2-10 b**）のどちらが操作しやすいのかを操作スイッチの傾斜も含めて評価する．

　　操作部位の支持は手掌部が一般的であるが（**図 2-11 a**），前腕部の支持が必要な時はバスタオルなどで行う（**図 2-11 b**）．

　　深い屈曲動作で反応する状態では，操作スイッチの傾斜角度や支持をしているタ

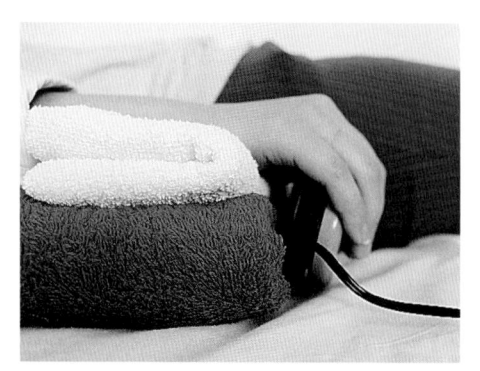

図 2-12　優位な屈曲動作の評価

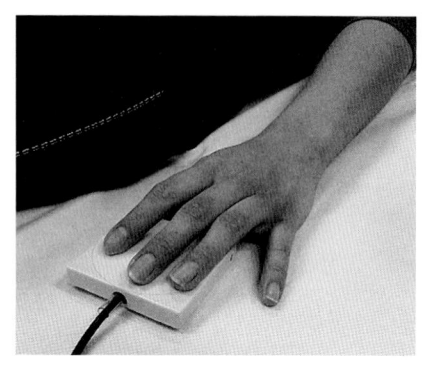

図 2-13　手掌部の支持が不向き

図 2-14　グリップによる操作スイッチの固定

オルの高さなどを細かく調整するなど，適切なスイッチの操作となるよう詳細な評価が必要となる（**図 2-12**）．

スイッチ面を擦りつけるような屈曲動作の状態であるかなど，PIP および DIP 関節の変化を目視で確認し，各関節の伸展位による最大筋力を触診にて確認する．手掌や手関節，前腕をタオルなどで支持することが優位な動作を妨げる状態となる（**図 2-13**）．

操作スイッチをグリップで固定する方法も有効であり，グリップを握ることで安定し，スイッチの操作時に反力が確保できる（**図 2-14**）．

2） 筋緊張を伴う動作

時間の経過に伴い，例えば中指の屈曲による操作時に示指などほかの部位に筋緊張が生じる場合，スイッチ操作に負担を強いる状態にあり，短時間で疲れてしまう不適切な使用法となっている（**図 2-15**）．

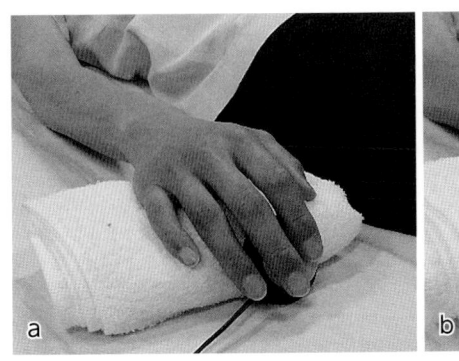

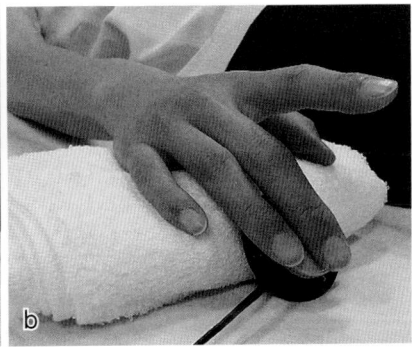

図 2-15　時間経過の評価
a. 通常の操作，b. 他指まで筋緊張亢進が起こる

2.4　リモコンボタンなどを押すことはできないが，動きはある

該当する機種：ポイントタッチスイッチ，ホッペタッチスイッチ．

1) 評価の基本
　① 日常の姿勢，肢位で指先などの動作を観察する．
　② 手関節の拘縮の有無を確認し，前腕回内・回外・中間位や手関節正中位，背屈位，掌屈位などの肢位をとり優位な動作が発揮される手関節の肢位を評価する．
　③ 優位な動作が発揮される手掌部の支持面を評価する．
　④ 前腕回内位の場合は，手掌部の MP 関節までの支持面と PIP 関節までの支持面による動作を手関節の肢位と併せて評価する．
　⑤ 前腕回外位の場合は，前腕回内位の肢位にして評価する．

2) 評価のしかた
　日常生活での安楽肢位での上腕，前腕の位置を当事者や家族から聞き取り確認後，観察と触診にて評価を行う．
　肘関節伸展，前腕回内，手関節 0°の状態にし，評価者の握りこぶしの上に当事者の手掌を乗せる（**図 2-16**）．
　当事者に動かしてもらい屈曲または伸展の動作が最大となる指を目視で確認し，最大筋力が出せる部位を触診にて評価する．この時，動き始めの動作がスイッチの操作となる．スイッチの操作が必ずしも屈曲動作とは限らない．
　評価者の握りこぶしの上に当事者の手掌を乗せた状態で手関節を背屈位，掌屈位，正中位とし，どの肢位が自動運動を効果的に発揮する状態となるかを評価する．こ

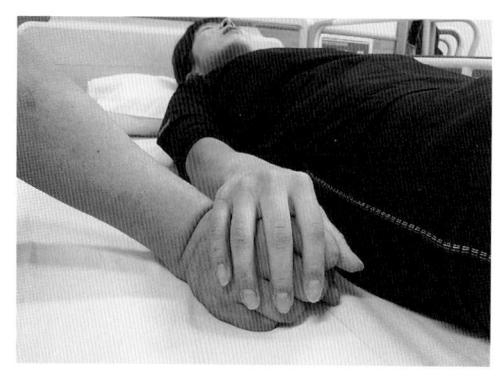

図 2-16　手指の評価

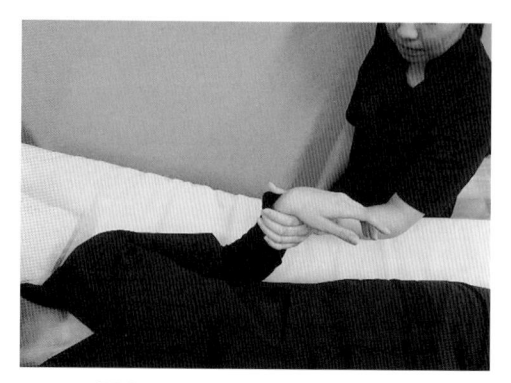

図 2-17　誤った評価のしかた

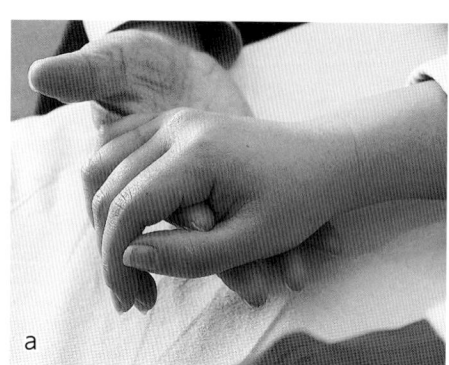

図 2-18　詳細な評価
a. 支持面の評価，b. 手関節の肢位の評価

の時，手関節の各肢位での違和感の有無を当事者に確認する．

　指先の動きを見るために前腕を持ち上げて評価することは，スイッチを操作する状態ではないため，実際に操作する肢位での評価が原則である（**図 2-17**）．このような状態は手関節が掌屈位となり，的確な指先の動作を評価できない．

　評価者は下から当事者の手掌部を支持し，MP 関節，PIP 関節の支持面（**図 2-18 a**）と指先の動作が効果的に発揮される手関節の肢位の評価をする（**図 2-18 b**）．

3）動作に適した機種の選定と操作スイッチの設置

　手指の伸展動作が効果的に発揮されるよう手掌部をタオルなどで支持し，爪ではなく露出した指先に適切に触れる状態にポイントタッチスイッチの位置調整を行う（**図 2-19**）．

　人によっては，MP 関節伸展の動きが効果的に発揮できることもあり，詳細な肢位の評価が必要となる．

　MP 関節の屈曲動作が効果的に発揮される肢位を評価し，屈曲動作の最大位置に

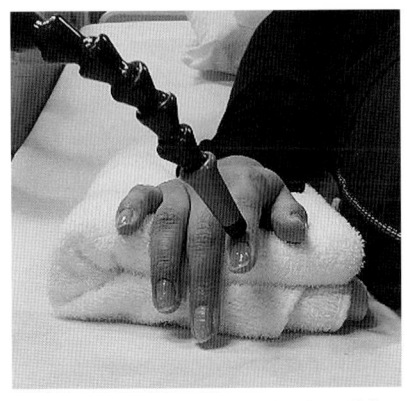

図 2-19　回内位での手指伸展動作 　　図 2-20　回外位での手指屈曲動作

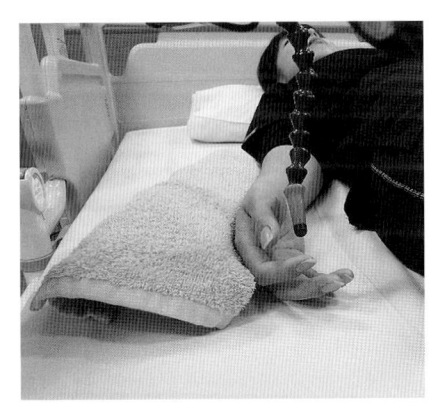

図 2-21　手掌部の支持 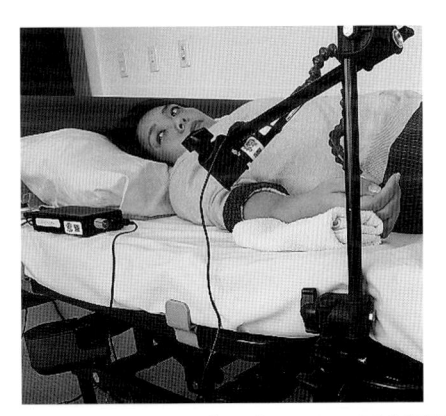　　図 2-22　スタンダードアームの固定場所

ポイントタッチのセンサー先端部が位置するように調整する（**図 2-20**）.
　また，前腕から手背にかけてタオルなどで支持し前腕を若干回内位にすることで指先の荷重方向が変化し，屈曲動作がより有効に発揮されることがある（**図 2-21**）.
　ポイントタッチスイッチを固定するスタンダードアームの設置は，操作する身体部位の可能なかぎり近い場所が好ましい（**図 2-22**）.
　回外位での母指の内転動作でピンタッチスイッチを操作する場合，手掌に紙テープで固定するとよい（**図 2-23**）. 母指の内転動作が最大となる位置を確認し，ピンタッチスイッチを設置する.
　確実な操作感覚のフィードバックが求められる場合は，RCA ケーブル（ビデオケーブル）を使用する（**図 2-24**）.

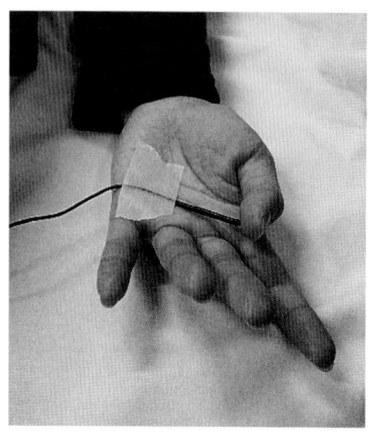

図 2-23　ピンタッチスイッチの装着

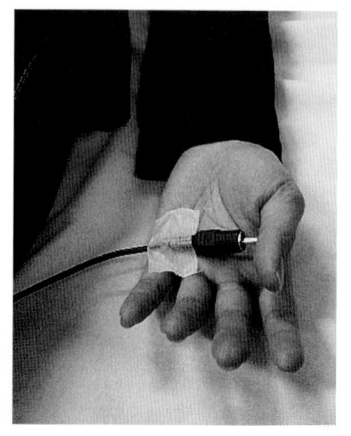

図 2-24　RCA ケーブルで代用

2.5　微小・微弱な動きはある

　　動作が 3mm 以内の状態にあっても目視で確認できる．
　　該当する機種：PPS スイッチ，ピンタッチスイッチ．

1）評価の基本
　① 最大動作が発揮される手関節の肢位および前腕の肢位を評価する．
　② 効果的な動作が発揮される手掌部の支持に違和感を感じないことを確認する．
　③ 前腕の肢位の変更が可能であるかを必要に応じて確認する．

a.　エアーバッグ・センサー

　　エアーバッグ・センサーの大きさや形状は操作する身体部位に応じて，全開・四つ折り・六つ折りなどに畳むなどとする（**図 2-25 a**）．半分に折り三つに折り畳んだコンパクトにした形状は握り込むなど指の動作を的確に感知することができる（**図 2-25 b**）．

　　手指の屈曲動作が効果的に発揮される前腕部や手掌部の支持面を評価し，タオルなどで操作部位を支持し屈曲動作が的確に感知する形状にエアーバッグ・センサーを調整する（**図 2-26**）．手掌部の操作ではエアーバッグ・センサーを四つ折りのコンパクトな形状にする．母指の内転動作では，母指と示指の狭い間に差し込める程度に空圧を最小限にし，エアーバッグ・センサーを傾斜させて差し込むことで母指の荷重方向に設置する（**図 2-27**）．

　　エアーバッグ・センサーの空圧調整は指を乗せたまま，指先の状態を観察しなが

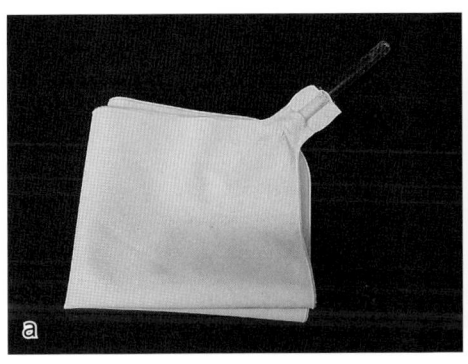

図 2-25 エアーバッグ・センサーの形状
a. 四つ折り，b. 六つ折り

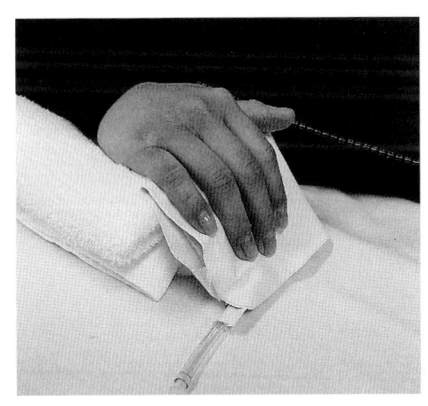

図 2-26 PPS スイッチのエアーバッグ・センサー

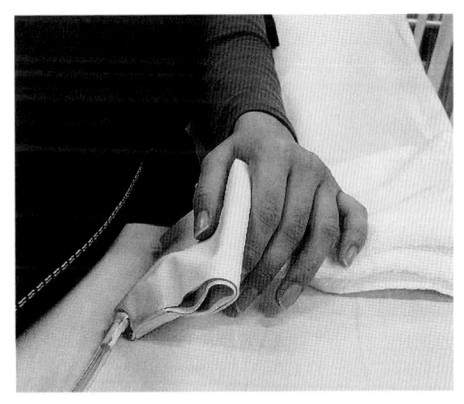

図 2-27 母指の内転動作（エアーバッグ・センサー）

ら必要以上に膨らませず，自動運動が効果的に発揮できる形状にする．

　母指全体を覆うエアーバッグ・センサーの形状になっていない設置は，母指の内転動作を確実に感知しないことがある（**図 2-28**）．

　母指と示指の間にエアーバッグ・センサーを立てた状態で挟み込む使用法は，母指の内転動作を感知する部位が指腹の一点に限定される（**図 2-29**）．微弱な動作の場合，エアーバッグ・センサーの接触面積を広くするのが設置の基本となる．

　症状の進行に伴いエアーバッグ・センサーを膨らませる対応は，母指と示指の間隔が広がり位置調整の難度が高くなり，位置・形状・感度の 3 つの微調整が必要となるといった悪循環に陥ることになる．

　また，ピエゾ・センサーのほうが適する場合もあり，設置作業の負担の程度も含め，センサーの適性など評価を行う必要がある．

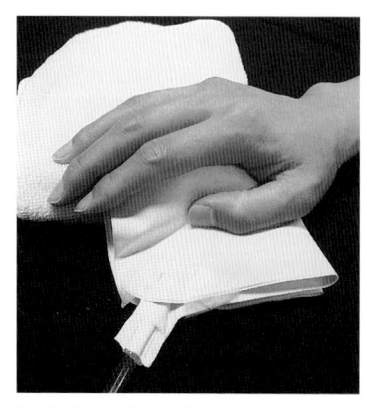

図 2-28 不十分なエアーバッグ・センサーの設置

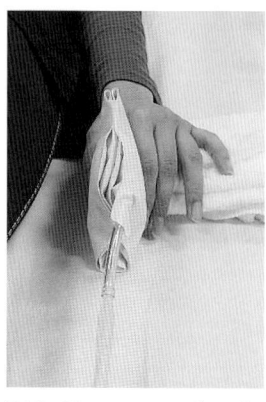

図 2-29 エアーバッグ・センサーの不適切な使用法

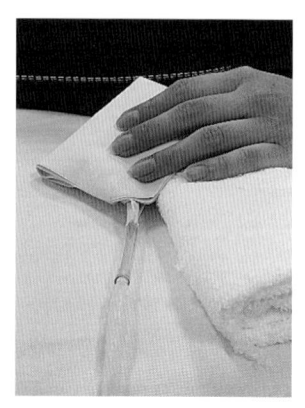

図 2-30 シリコンチューブの正常な配置

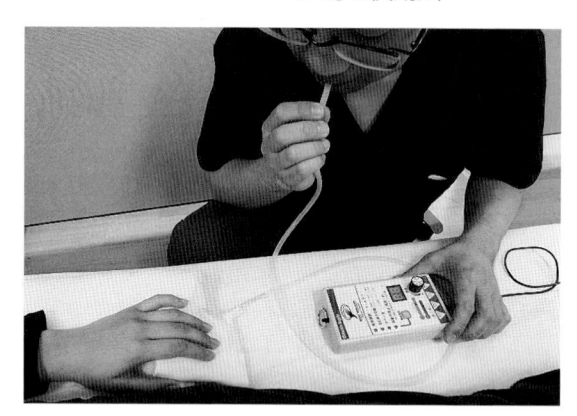

図 2-31 空圧調整のしかた

b. シリコンチューブの取り扱い

　エアーバッグ・センサーの設置時は，シリコンチューブが以下のような状態にならない処理が必要である．

① エアーバッグ・センサー部の差込口のよじれ．
② シリコンチューブの折り曲げ．
③ シリコンチューブが押しつぶされる．

　感度調整に影響を及ばぬようチューブが強く折り曲げられた状態やねじれが生じないようにする（**図 2-30**）．

c. 空圧調整

　手掌をエアーバッグ・センサーに乗せたままの状態で動作を感知するよう空圧を調整し（**図 2-31**），衛生上の配慮を要する場合は，太い注射器にてチューブに空気を送り込む方法がある．

　エアーバッグ・センサーを必要な大きさに膨らませ，空気漏れが生じないよう

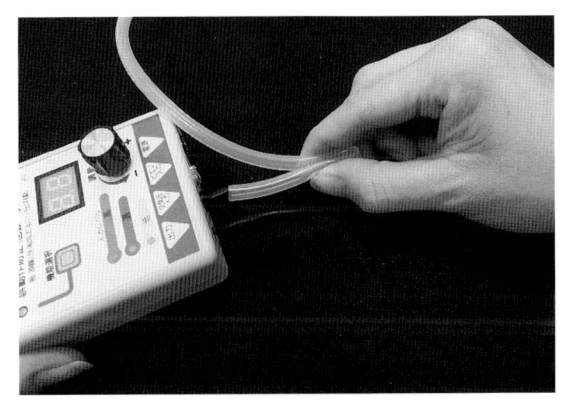

図 2-32　空気漏れを防ぐ差し込み

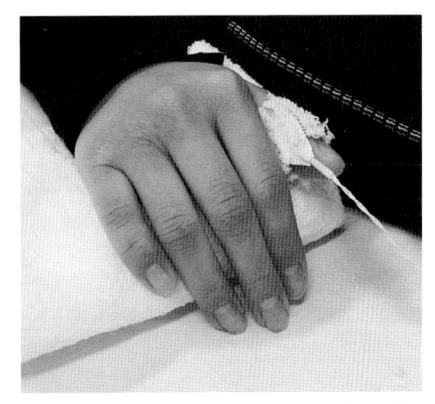

図 2-33　母指の内転動作（ピエゾ・センサー）

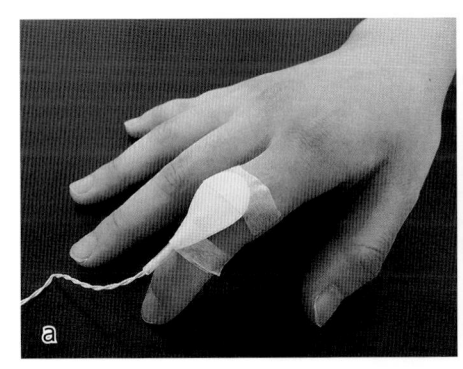

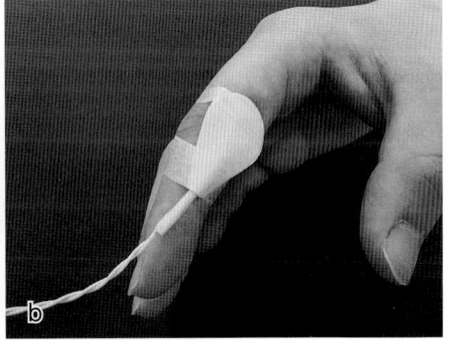

図 2-34　関節の背部または側部の装着
a. 関節の背部の装着，b. 関節の側部に装着

チューブを折り曲げて PPS スイッチの差込口に差し込む（**図 2-32**）．

d. ピエゾ・センサー

　　手掌部を支持することで母指の内転動作が効果的に発揮される場合は，MP 関節部位の支持面を含め評価を行う．

　　ネット包帯で母指を包み IP 関節の側面にピエゾ・センサーを差し込む使用法がある（**図 2-33**）．

e. さまざまな装着

　　手指の屈曲動作が可能な場合，操作スイッチを関節部位に取り付ける．貼り付ける素材は薄い紙テープを使用する（**図 2-34**）．厚いビニールテープは設置の固定力に乏しいだけでなく，装着部位とピエゾ・センサーとの密着度が求められるので不向きである．

　　ピエゾ・センサーの脱着を簡便にするネット包帯は，位置の微調整も簡単にできる（**図 2-35**）．ネット包帯に差し込む方法は固定力が確実になるだけでなく，動作

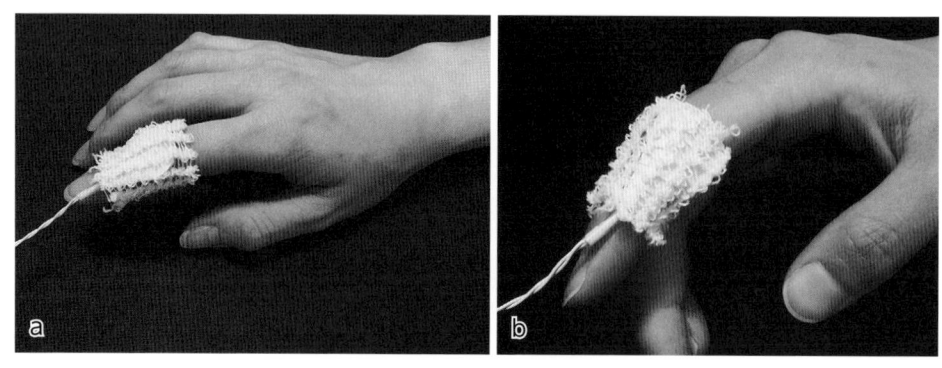

第 2 章　筋萎縮性側索硬化症に対する操作スイッチの適合

図 2-35　ネット包帯
a. 関節の背部の装着，b. 関節の側部に装着

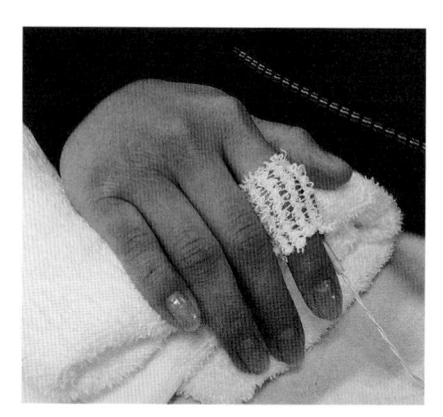

図 2-36　PIP 関節の側面に装着

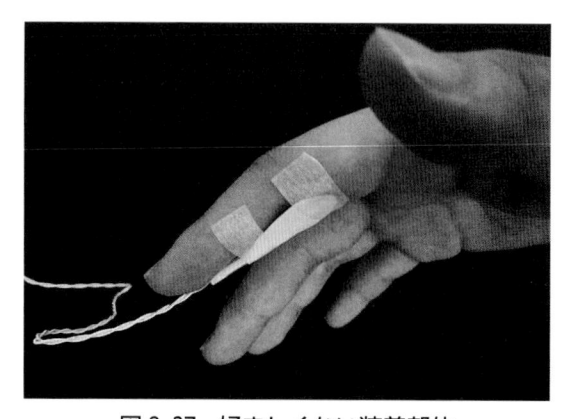

図 2-37　好ましくない装着部位　　　図 2-38　指の間に差し込む

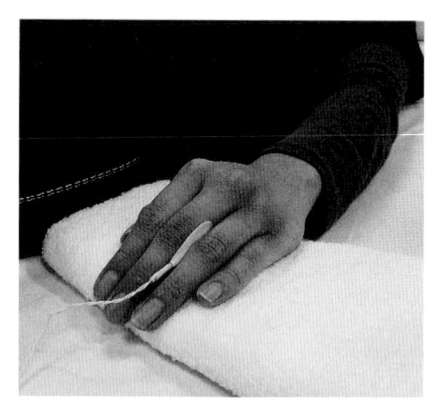

　時にネット包帯が隣接の指と摩擦抵抗が生じることで，より感知しやすい状態となる（**図 2-36**）．
　ピエゾ・センサーの装着部位を関節の背部と側部でそれぞれ評価し，的確に感知する部位を確認する．

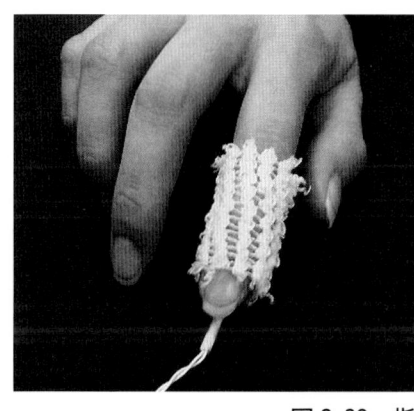

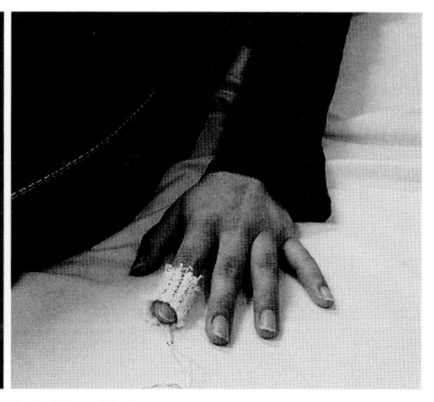

図 2-39　指先を擦る動作

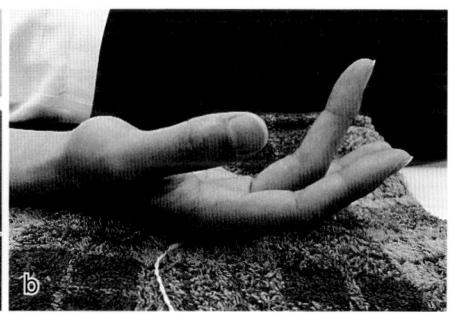

図 2-40　回内位での指の屈曲
a. PIP 関節に設置，b. MP 関節に設置

　PIP 関節などで屈曲角度が大きい動作による使用は，動作によりピエゾ・センサーの位置ずれを起こす場合があり，時間経過の観察が必要となる．そのため，関節の背部は不向きとなる．

　関節の腹部への装着は，屈曲動作時にピエゾ・センサーをはがす動作となる．はがれないようにテープを強く貼り付けると必要以上にピエゾ・センサーを押し付ける状態となり故障の原因となる（**図 2-37**）．

　関節の側面に差し込むことで背部に装着するより屈曲動作を阻害しない状態となる．

　中指と示指が密着した状態の場合，屈曲動作時に中指とネット包帯が擦れ，感知度が高くなることがある．

　屈曲動作時に密着した隣接の指と摩擦抵抗が生じ，屈曲動作と摩擦抵抗がピエゾ・センサーに反映され，差し込むだけの簡便な設置で済む（**図 2-38**）．ピエゾ・センサーを差し込む個所は突起のある関節部となる．

　手指の屈曲動作が可能な時は，PPS スイッチのピエゾ・センサーをテーブルやシー

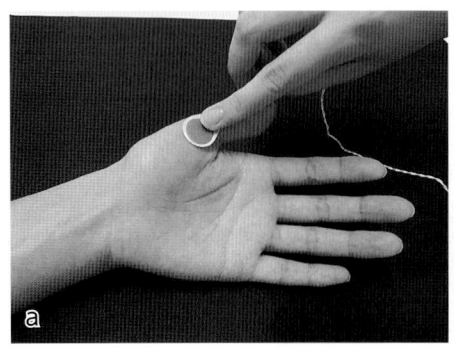

図 2-41 確実な設置の手順
a. 位置の確認，b. 回内位にする

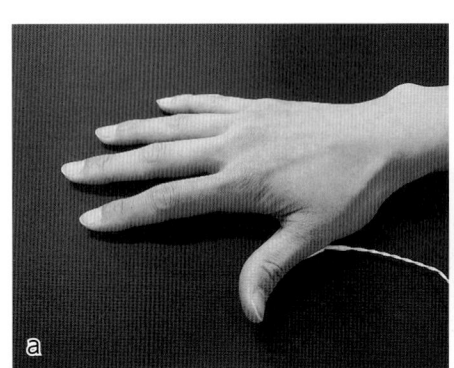

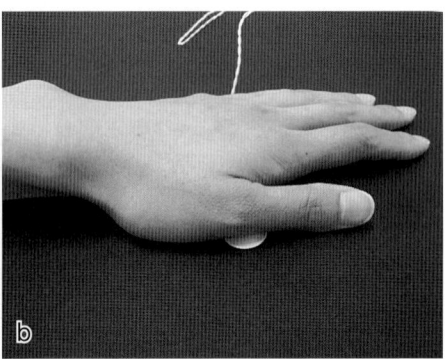

図 2-42 MP 関節に設置
a. ケーブルの配線，b. ケーブルを押さえつけた配線

ツなどに押し付ける操作法で簡便な設置で済む（**図 2-39**）．

屈曲動作の時に PIP 関節が浮き上がる状態を目視で確認できる場合は，PIP 関節に設置する方法（**図 2-40 a**）がある．また，微小な動作の時は，MP 関節が突き出す状態を触診にて確認し，ピエゾ・センサーを MP 関節に設置する（**図 2-40 b**）．

2) 母指の外転および内転動作

母指の MP 関節の突起を触診にて確認し，MP 関節にピエゾ・センサーをあてがった状態で回内位に手掌を変える（**図 2-41**）．突起部を触診で確認できるのであれば，ピエゾ・センサーを差し込むだけの作業となる．

ピエゾ・センサーの位置は，母指の MP 関節に設置する（**図 2-42 a**）．

外転および内転動作でピエゾ・センサーがずれ動く場合，ケーブルを手掌部で押さえつける配線（**図 2-42 b**）にする．布団やマットレスなど柔らかい場所の使用でも感知する．

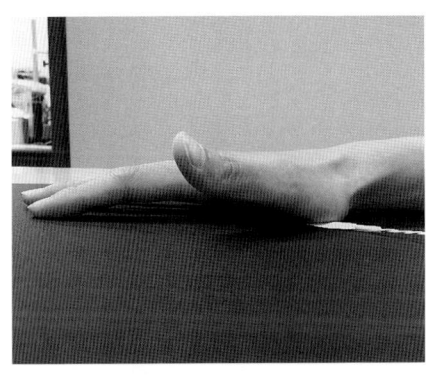

図 2-43　母指の手根中手関節に設置

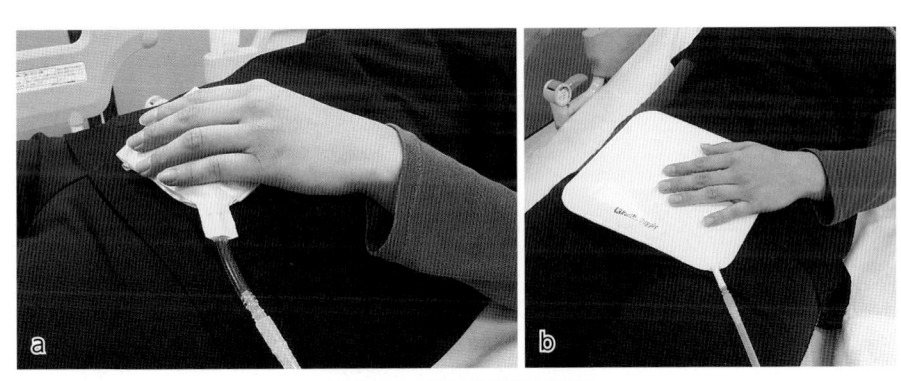

図 2-44　使用環境の制約
a. エアーバッグ・センサー，b. ディップスポンジ・センサー

3) 母指の伸展動作

　　母指の伸展動作で突起する部位（手根中手関節）を触診にて確認する．

　　強く押し付けることのできる手根中手関節にピエゾ・センサーを配置する（**図 2-43**）．

4) エアーバッグ・センサーなどの使用環境の制約

　①　人工呼吸器を使用している場合，エアーバッグ・センサーやディップスポンジ・センサーを腹部や胸部で使用（**図 2-44**）すると，人工呼吸器の作動の影響を受け，肺の動きにすべて反応してしまう．身体の脇に置いて使用しても肩や肘の変化の影響を受ける．

　②　エアーマットの使用もセル（ゴムやビニールを袋状などにしたマットの素材）の変化の影響を受け，作動時にすべて反応してしまう．

3 肘

肘の伸展や前腕の回内の動作が，肘や手関節部，指先の変化や動きとして見えることが多く，作用する筋の的確な評価が必要である．

3.1 動作・操作についてのステージ

① リモコンボタンなどは押せる．
　腕でリモコンボタンなどを実際には操作することはないが，触診で確認できる．
② リモコンボタンなどを押す力はないが，動きはある．
　リモコンボタンなどを押す力はないが，目視で動作が確認できる．

3.2 リモコンボタンなどは押せる

　該当する機種：ジェリービンスイッチ，手押しスイッチ，ホッペタッチスイッチなど．

1) 前腕の回外位での伸展動作

　腕を振り下ろす動作でスイッチの操作をする場合，楽な姿勢の時に操作スイッチに触れない状態であること（**図 2-45**）や，意思伝達装置の操作で二度打ちなどの誤操作がないことを確認する．

　この肢位で誤操作がある時は，腕を突き出す動作など優位な動作や運動方向の詳細な評価が必要となる（**図 2-46**）．

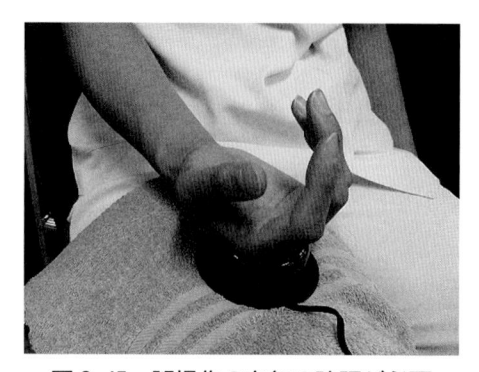

図 2-45　誤操作の有無の確認が必要

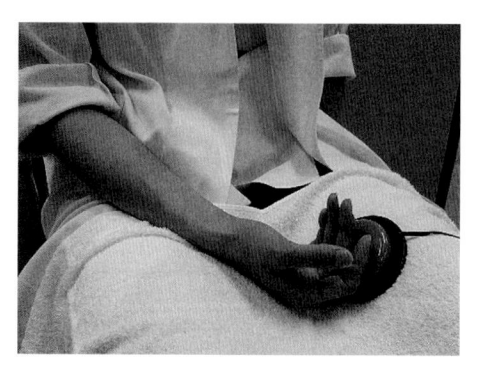

図 2-46　伸展方向の指先

肘関節の伸展動作が肘を突き出す動作として現れる時は，肘の近くの上腕の動きでスイッチを操作する（図 2-47）．

操作スイッチの選定ではポイントタッチスイッチが対象機種となる．夏場など肌が露出する半そでの状態では問題はないが，長袖などの着用時には操作不能となるため，注意が必要となる．

着衣の影響を受けないホッペタッチスイッチが適切な機種となる．

2) 前腕の回内動作

指先でスイッチを操作するものといった先入観を抱かず，最大筋力のある部位を触診にて評価する．特に前腕回内の評価では間違えやすいため注意する．

回内動作の時に押し付ける筋力が最大に発揮される部位は手関節に近い手掌となる（図 2-48）．

回外位の場合，肘関節の伸展動作により膝などを擦ることで，摩擦抵抗をピエゾ・センサーが感知する状態となる（図 2-49a）．

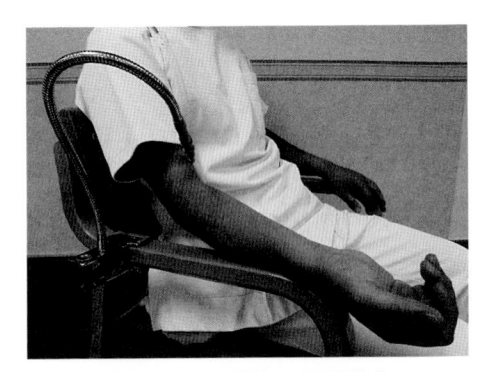

図 2-47　肘関節の伸展動作

図 2-48　手関節部に設置

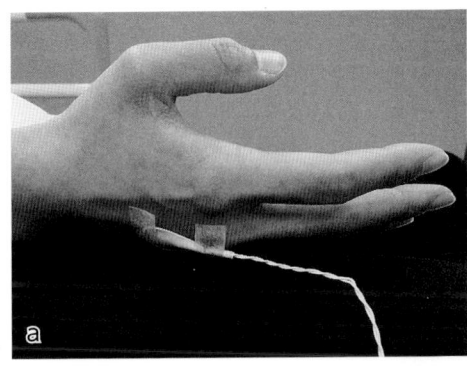

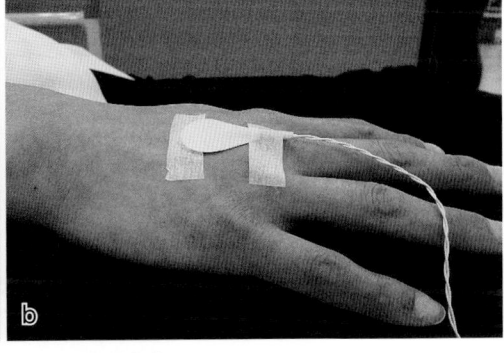

図 2-49　回外位で伸展動作
a. 手掌部で膝を擦る動作，b. ピエゾ・センサーの装着状態

装着は手甲の突起した中手骨にピエゾ・センサーをテープにて貼り付ける（**図 2-49b**）．

3.3 リモコンボタンなどを押すことはできないが，動きはある

該当する機種：PPS スイッチ．

1) 上腕の動作の評価

触診にて確認する部位は，肩甲棘部，肘頭の突起部となる．

肩関節の挙上，下制の動きを肩甲棘部と肘頭の突起に手を入れ，触診にていずれの部位の筋が作用するか同時評価を行う（**図 2-50**）．

肩甲骨の変化を触診で確認後，肩甲骨の下にディップスポンジ・センサーを差し込み，スイッチの操作を試行する（**図 2-51**）．

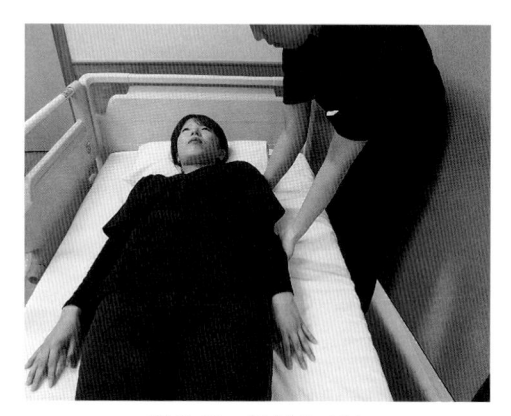

図 2-50　触診の方法

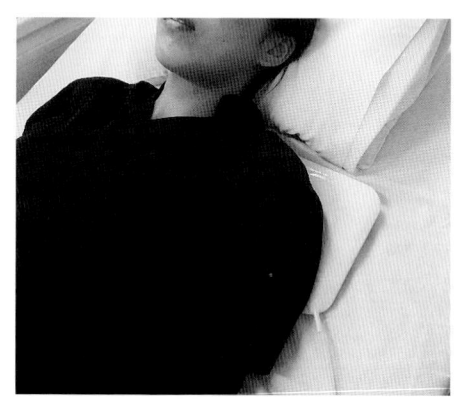

図 2-51　上腕の動き

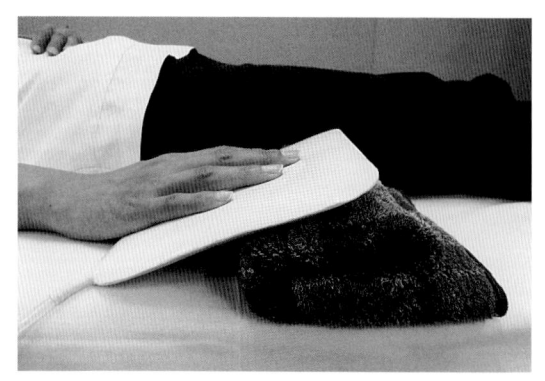

図 2-52　肩の下制動作が手掌部の変化となっている

エアーバッグ・センサーも選択肢であるが，空圧調整や設置の難度が高いだけでなく，肢位の安定感も得にくいため，ディップスポンジ・センサーが妥当な選定となる．

　肩の下制動作を感知するようディップスポンジ・センサーをタオルなどで傾斜させて設置する（**図 2-52**）．ディップスポンジ・センサーの指先側を高くしない状態では，手掌部が平行移動の動作となり，十分感知できる設置となっていない．

4　頭部

　スイッチの操作の時に頭部の回旋または側屈の動作で姿勢が崩れない状態の場合，操作スイッチの設置が可能．
　該当する機種：ポイントタッチスイッチ，ホッペタッチスイッチ．

4.1　姿勢の評価

① 安定した姿勢を長時間維持できるか．
② 前屈や後屈などが生じず，頭部が安定した肢位を長時間維持できるか．
③ スイッチの操作によって姿勢が崩れないか．
④ 姿勢保持具などがスイッチの操作にとって，有効な動作を阻害する要因になっていないか．
⑤ 姿勢保持装置の再評価により動作の改善が期待できる状態にあるのか．
⑥ 枕の形状などがスイッチの操作にとって，有効な動作を阻害する要因になっていないのか．

　頭部の回旋や側屈動作ではポイントタッチスイッチの先端部を頬骨に設置する（**図 2-53**）．スイッチの操作によって動作方向へ上肢が傾斜しないなど，安定した姿勢の評価が必須となる．
　小さな回旋動作の場合は，ホッペタッチスイッチの先端部が頬骨に触れる状態に

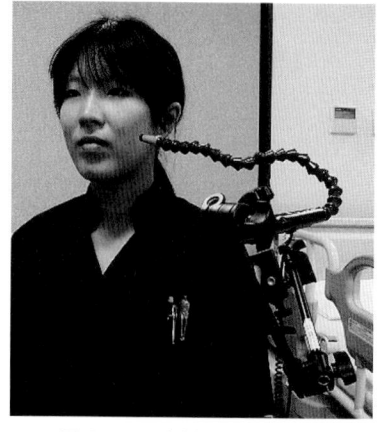

図 2-53　車椅子での使用　　　　図 2-54　頭部の回旋動作

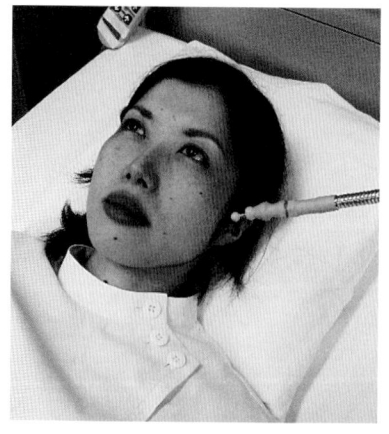

グーズネックで位置調整を行う（**図 2-54**）．操作スイッチが頬に触れていることで安心感を得ることができる．

4.2 操作スイッチの設置

家族など人の動きやテレビを見るなど生活の動作と同じ方向に設置すると，これらの行為で誤作動が生じることから，優位な運動方向の評価だけでなく，生活様式も含めて設置場所を選定する必要がある．

日常的に顔が向いている反対側のヘッドボードに操作スイッチを設置する（**図 2-55**）．意思伝達装置の画面を見ている状態にして，センサーの先端部を頬から数センチに離し，位置調整ができる形状にグーズネックを設置する（**図 2-56**）．先端部が回旋動作や側屈動作の終点位置に対して直交する状態に調整する（**図 2-57**）．

片手でのグーズネックの位置調整は，同じ個所が折り曲げられる状態となり，経年使用で部品の摩耗によるトラブルを誘発するため，必ず両手でグーズネックを取り扱う必要がある．

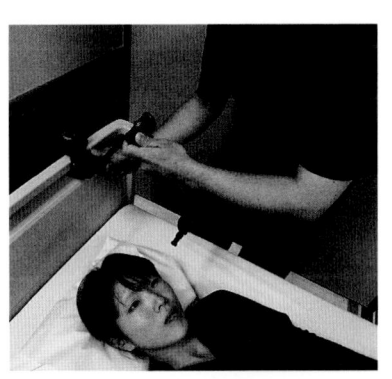

図 2-55　固定具の設置は操作部位の近い位置が基本

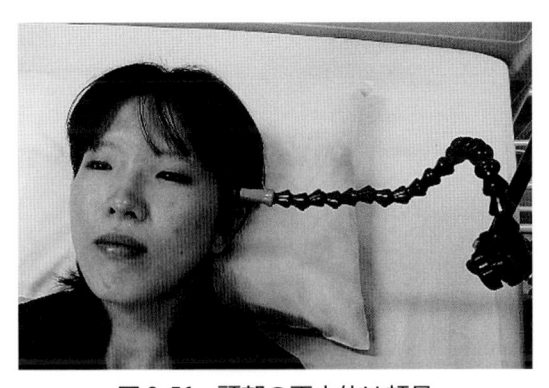

図 2-56　頭部の正中位は頬骨

図 2-57　適切な位置に調整

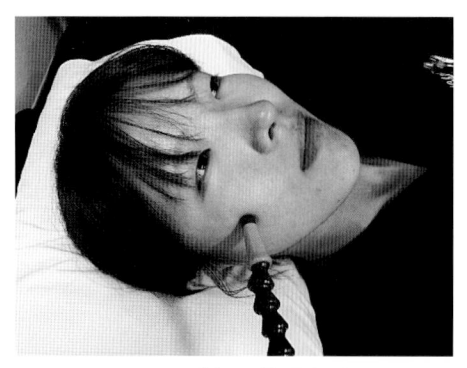

図 2-58　適切な位置を確認

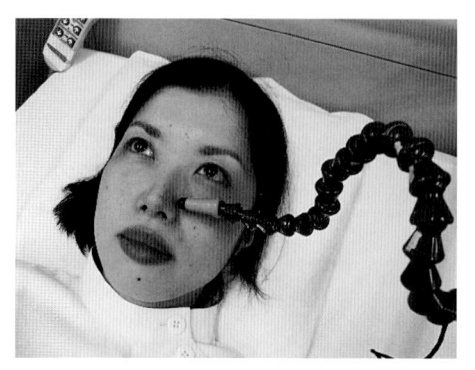

図 2-59　微小な回旋動作

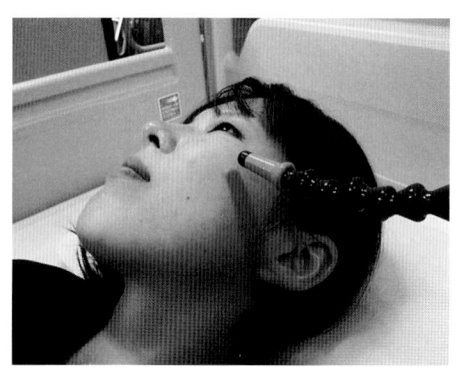

図 2-60　先端部に対して弧を描く状態

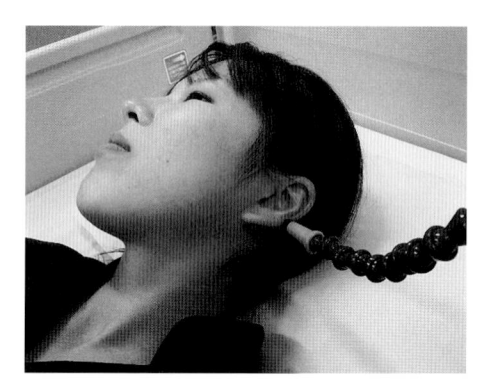

図 2-61　頭部の回旋動作に直交する部位

　ポイントタッチスイッチの先端部が頬にコツンと強く当たる状態や頬がへこむ状態では，距離が近すぎるため操作しにくい設置となるので（**図 2-58**），触れる程度の動作となるように調整する．

　回旋動作が微小な場合，頬骨やこめかみ付近への設置はきわめて困難な状態にあるため，鼻に設置する（**図 2-59**）．

　微小な動作の評価は，顔面の正面から回旋動作が最大となる部位を観察し，回旋動作に対して直交する詳細な部位を特定し，操作スイッチの位置調整が簡便な方法を見極める．

4.3　頭部が正中位にない

　頭部が正中位でない時の回旋動作では，頬骨の場所は操作スイッチが頬骨に対して弧を描く状態となる（**図 2-60**）．

　頭部の回旋動作の運動方向が操作スイッチに対して直交する身体部位は，頭部から突出している耳朶や鼻となる（**図 2-61**）．

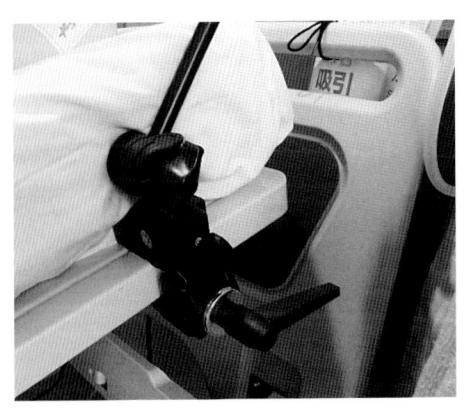

図 2-62 操作部位と操作スイッチの位置関係が安定

4.4　固定具の設置

　　ベッドベースへのフレームの固定は，ギャッジアップで角度が変化しても，操作部位とスイッチとの位置関係が常に一定に保たれるので，設置が可能であれば望ましい個所である（**図 2-62**）．

5　顔面

5.1　額

上目づかいの動作で額にしわが生じることを目視で確認し（**図 2-63**），以下の状態を観察する．

① 前頭筋の起始部と停止部が額の範囲内にある．

前頭筋の起始部が頭髪に覆われている場合，額にセンサー部を不動状態に固定することができず，スイッチの操作はできない．

② 収縮・脱力の筋収縮が一定である．

皮膚の弾性低下により脱力が不完全な状態の場合，連続操作時と安静時の脱力の差異によりスイッチの操作が不安定な状態を引き起こす．

③ しわが大きく動く．

微小なしわの変化は感知できない．

④ 皺眉筋の動き．

前頭筋ではなく，眉毛近くの皺眉筋の収縮が確認できる．見上げる動作の時に額のしわが明確になることを観察する（**図 2-63**）．

該当する機種：ピンタッチスイッチ，ファイバースイッチ，PPS スイッチ．

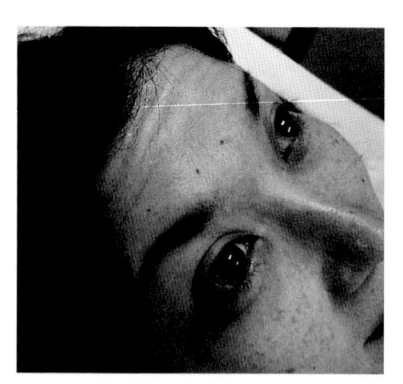

図 2-63　動作の確認

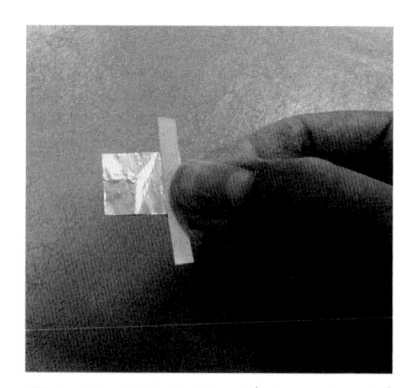

図 2-64　アルミ箔とビニールテープ

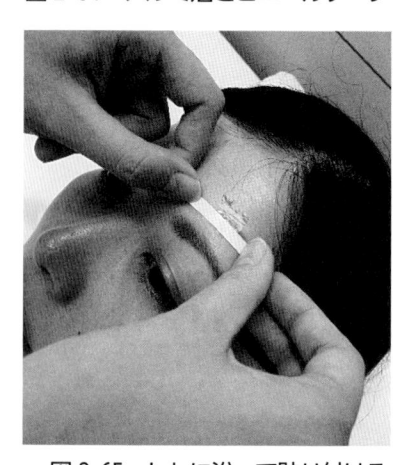

図 2-65　しわに沿って貼り付ける

1) ピンタッチスイッチ

脱力位置が一定でない場合は，ピンタッチスイッチは不向き．

a. アルミ箔とビニールテープの準備

(1) アルミ箔

① 厚さ：二つ折り程度の厚さは必要．

② 横幅：10mm 程度．

③ 高さ：10mm 程度.

装着する額とピンタッチスイッチの先端側が触れる状態.

(2) ビニールテープ

① テープ幅：3mm 程度.

② 長さ：25mm 程度.

アルミ箔を二つ折り程度の厚さに切りそろえ，額に貼り付けるビニールテープの幅は使用中にはがれ落ちない 3mm 程度にする（**図 2-64**）.

b. ピンタッチスイッチ装着の手順

① 前頭筋の停止部にアルミ箔を貼り付け，起始部にケーブルを固定する.

アルミ箔は，眉毛側の最初のしわの線に沿って眉毛側にビニールテープで貼り付ける（**図 2-65**）.

② 上目づかいの時にピンタッチスイッチの先端部とアルミ箔が確実に触れるように位置を調整する（**図 2-66**）.

距離が近すぎる設置の場合，先端部がアルミ箔を押し付けながら動く状態となり，ケーブルの押し曲げやアルミ箔の歪みによる接触不良を起こす原因となる.

③ 頭髪側の最初のしわの線に沿ってセンサーのケーブルをビニールテープで貼り付ける（**図 2-67**）.

この時，センサーの先端部が額に触れないよう，センサー部がアルミ箔に対して仰角になるように調整する.

センサーの先端部とアルミ箔とが的確な間隔になっているかどうかで，使い勝手とトラブルの発生頻度が決まることになる（**図 2-68**）.

上目づかいの時にピンタッチスイッチの先端部が額にも触れる状態は，誤作動を起こす不適

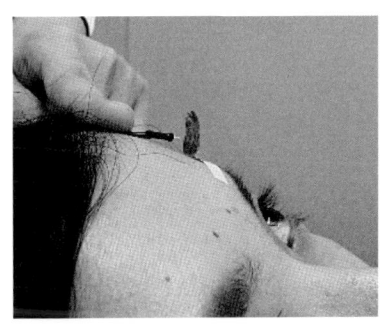

図 2-66　ピンタッチスイッチ先端部の的確な位置

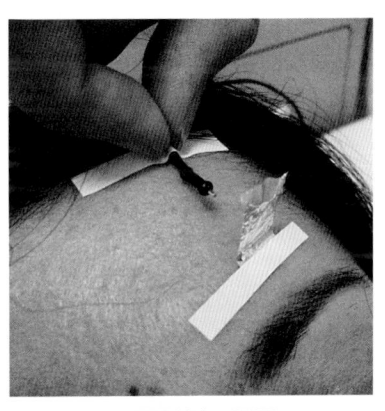

図 2-67　頭髪側に設置

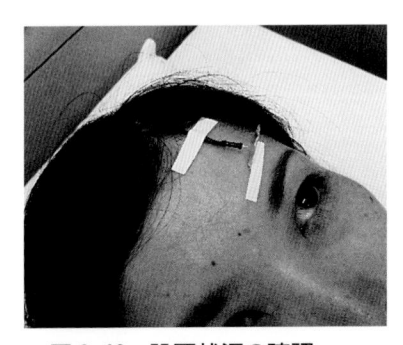

図 2-68　設置状況の確認

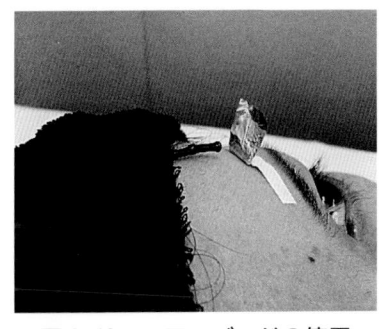

図 2-69　ヘアーバンドの使用

切な設置である．センサーの先端部が額に触れぬよう，アルミ箔の上部に接触する位置にケーブルを上向きにして固定する．

先端部の仰角の固定が困難な場合は，ティッシュペーパーなどを先端部と額の間に差し込むことで対応できる．

額全体が動く状態ではピンタッチスイッチを固定することができないため，ヘアーバンドで固定する（**図 2-69**）．

c. **皮膚への装着不可能**

① 操作スイッチ固定のための接着テープによるスキントラブルの発生．

装着後 20 分程度の使用後，外した時に皮膚が赤くなる状態はかぶれる可能性が大きいことから使用不可となる．

② 装着に対する拒絶

極度の違和感を訴える状態は，耐えがたい刺激と感じる状況にあるため装着に慣れることはなく，使用不可となる．

見かけや見栄えの問題ではないことを家族などに伝える必要がある．

2) **PPS スイッチ**

しわの動きが一定でない，または動きが小さい場合は，ピエゾ・センサーが適応となる（**図 2-70**）．

ピエゾ・センサーを額の動作で使用する際には，装着および脱着の手順がある．

a. **装着の手順**

ピエゾ・センサーの先端側を最も大きく動く眉毛側に縦方向に紙テープで貼り付け（**図 2-71**），額を動かした時にピエゾ・センサーが動くことを確認する．併せて額の動かない場所

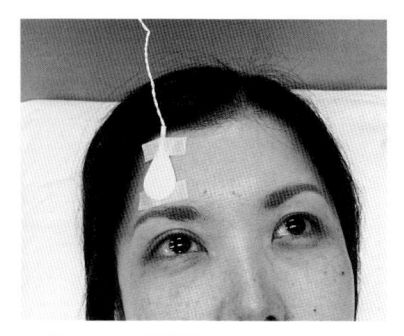

図 2-70　設置

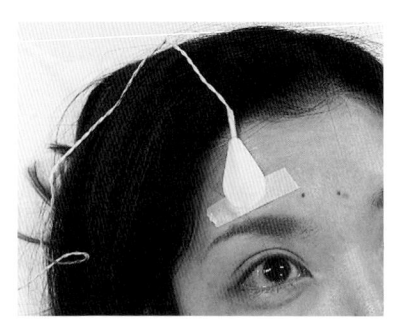

図 2-71　ピエゾ・センサーの先端側を装着

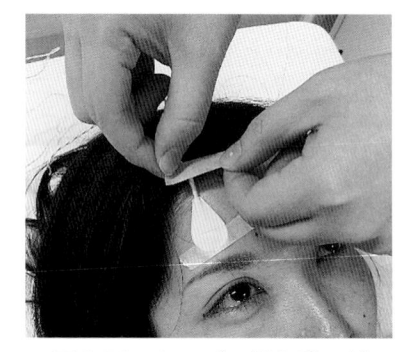

図 2-72　ケーブル側を貼り付ける

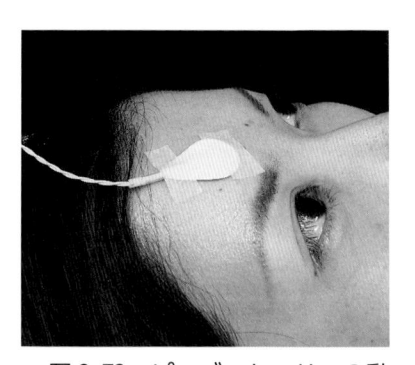

図 2-73　ピエゾ・センサーの動きを確認

を確認する.

　ピエゾ・センサーのケーブル側を頭髪側の額の動かない部分に紙テープで貼り付ける（**図 2-72**）．ピエゾ・センサー全体を覆うような貼り方はしないこと．

　ピエゾ・センサーの貼り付けは皮膚との密着度が高くなる紙テープが好ましい（**図 2-73**）．

b. **脱着の手順**

　顔面中央側の2つの紙テープの端をつまめる程度にはがす（**図 2-74**）．

　顔面中央側の2つの紙テープをつまみ，中央側から手前側に額に沿って同時にはがす（**図 2-75**）．

　ピエゾ・センサーが額から離れた状態になっても手前に引きながらはがす（**図 2-76**）．

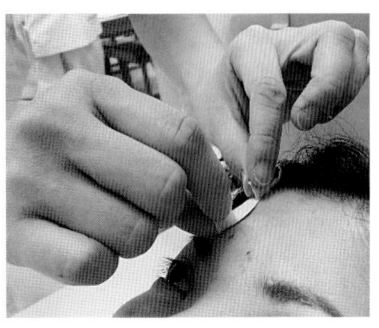

図 2-74　紙テープの端をはがす

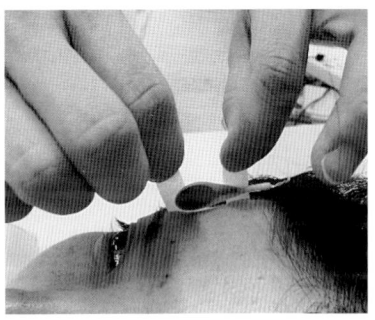

図 2-75　2つの紙テープを同時にはがす

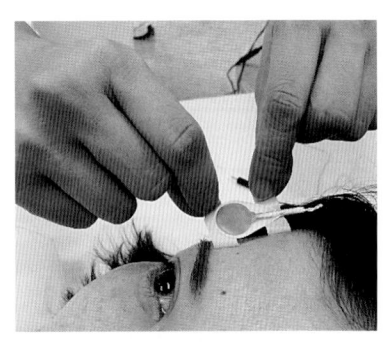

図 2-76　手前側をはがす

5.2 まぶた

上目づかいの時に，まぶたも動くことを確認する（図 2-77）．この時，眼球のみの拳上でまぶたの上下動が見られない状態は使用することはできない．半眼程度の動きの場合，意思伝達装置の操作は難しい．また，閉眼の動作は生理的な動作と同じであるため，スイッチの操作として活用できない．

アルミ箔をまぶたに装着してピンタッチスイッチを使用する方法となる．

該当する機種：ピンタッチスイッチ．

また，上目づかいの時に二重のまぶたの中に入り込む状態は，アルミ箔がまぶたに入り込み変形するため，スイッチの操作として活用することはできない．

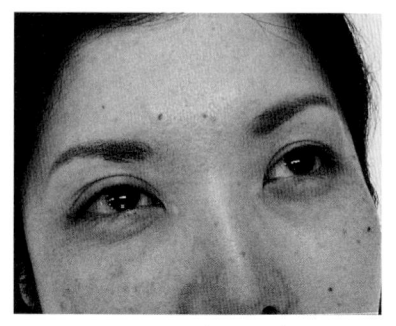

図 2-77 開眼時のまぶたの確認

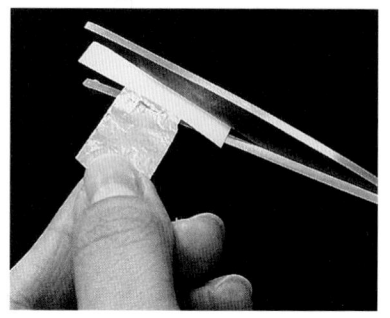

図 2-78 ビニールテープ幅は二重まぶたの幅

1) アルミ箔とビニールテープの準備
   a. アルミ箔
      ① 厚さ：二つ折り程度，折り曲げずそのままでもよい．
      ② 横幅：まぶたの3分の1程度．
      ③ 両端の形状：斜めに切り取る．
   b. ビニールテープ
      テープ幅：二重まぶたより狭くする．

ビニールテープをまぶた幅に細く切り落とすには，アルミ箔におおよその幅に切ったビニールテープを貼り付け，アルミ箔を持って行う（図 2-78）．

まぶたの開閉を阻害しないよう，目尻に沿って半月状にテープの両端を斜めにカットする（図 2-79）．

ピンタッチスイッチの設置のポイントは以下

図 2-79 ビニールテープの両端の処理

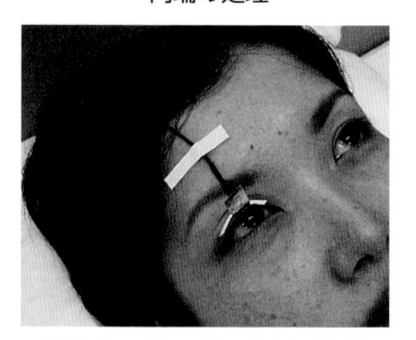

図 2-80 取り付け完了の状態

となる（**図 2-80**）．
① ビニールテープが睫毛に重ならないように貼る．
② ビニールテープがまぶたの動きを妨げない幅である．
③ ビニールテープの端が目尻に沿った形状である．

次に具体的な装着手順を解説する．

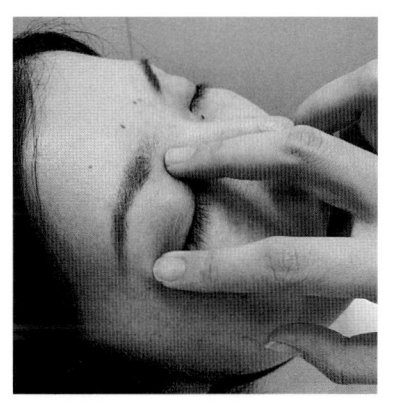

図 2-81　まぶたを押さえる

2) 装着の手順
① ビニールテープの接着を確実にするため，まぶたを清拭する．

まぶたの両端を軽く押さえながら（**図 2-81**），ビニールテープを睫毛にかからないように貼り付ける．睫毛の間際に貼り付けるときに，ビニールテープが睫毛に貼り付かないよう装着する（**図 2-82**）．

装着のやり直しを繰り返すとビニールテープの粘着力が低下するため，新しいビニールテープに交換して行うこと．

② アルミ箔は見上げた時に垂直になるよう角度の調整をする（**図 2-83**）．
③ 目を閉じた状態で，目を開いたときのおおよその位置にピンタッチスイッチをセットし，目を開いてもらう（**図 2-84**）．

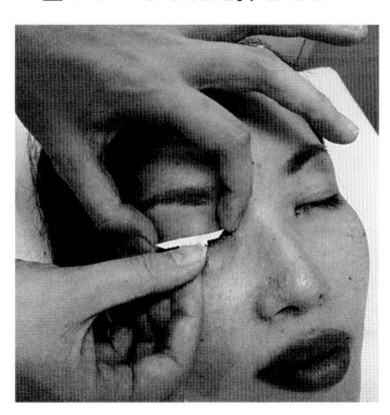

図 2-82　まぶたに装着

上目づかいの時にアルミ箔にピンタッチスイッチの先端部が触れるよう的確な位置の調整を繰り返す（**図 2-85**）．

近い距離にあるとピンタッチスイッチの先端部がアルミ箔を押し曲げる状態が繰り返され，先端部に負荷がかかり，ピンタッチスイッチが曲がるなどはがれやすい状態となる．そのため，ケーブルを固定するビニールテープを不要に貼

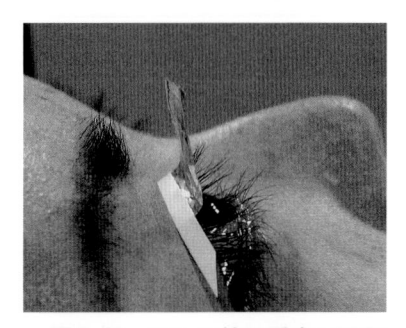

図 2-83　アルミ箔は垂直に設置

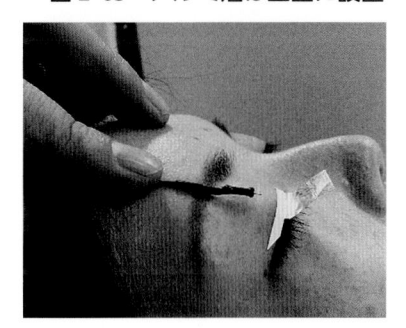

図 2-84　適切な位置の確認①閉眼

り付ける対応となるが，アルミ箔との不適切な位置関係は変わらず，スイッチの操作がしにくい状況は解決されない．

　まぶたの動きをスイッチの操作に使用する時は，額の筋収縮が消失した状態であるため，額の適当な場所でよい（**図 2-86**）．

④　ピンタッチスイッチは頭頂部に向かって垂直にケーブルを配線する（**図 2-87**）．

　ピンタッチスイッチのケーブルの配置が傾いた状態にあるとケーブルなどの重さで横ずれが生じ，はがれ落ちることがある．

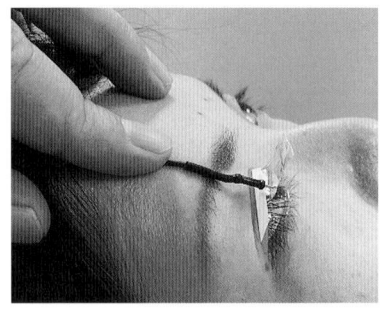

図 2-85　的確な位置の確認②開眼

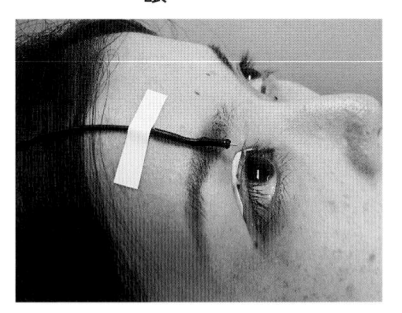

図 2-86　ピンタッチスイッチの固定

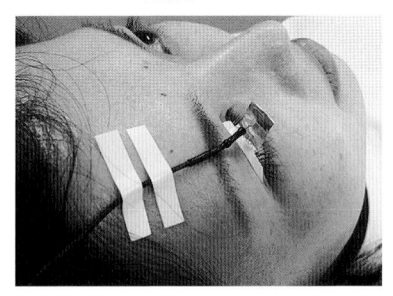

図 2-87　アルミ箔の動き

5.3 　下顎，口唇，舌

　　　これらの部位では，生理的動作や日常的動作とは異なる動作がスイッチの操作として使用することができる．

　　　無意識に動いている状態は，その動きを操作スイッチが感知してしまうため，スイッチの操作として使用することはできない．

　　　人との確認の合図としては有効な動作であってもスイッチの操作に使用できるわけではなく，意思伝達装置の操作に必要な動作であることを観察する．

1) 下顎

a. 開口動作

　　　生活動作の妨げにならない下顎の開口動作はスイッチの操作として使用することができる．

　　　該当する機種：ポイントタッチスイッチ，ホッペタッチスイッチ．

b. かむ

　　　閉口動作ではなく物をかむことができる．

　　　該当する機種：PPS スイッチ．

　　　PPS スイッチの空気漏れがないように端を塞いだシリコンチューブを口にくわえ，シリコンチューブをかむ動作でスイッチの操作はできるが，先端部の空気漏れ防止の処理やくわえたチューブの固定に工夫が必須となる．

2) 口唇，舌

　　　口唇や舌を突き出す運動方向および動作が一定で安定した状態の場合，スイッチの操作として使用することができる．

　　　しかし，運動方向や運動量が不安定な動作では，意思伝達装置を操作することは難しい．

　　　該当する機種：ポイントタッチスイッチ，ホッペタッチスイッチ．

a. 固定具と視野

　　　操作スイッチの固定具が当事者の視野に入らない設置や形状にするのが基本となる．

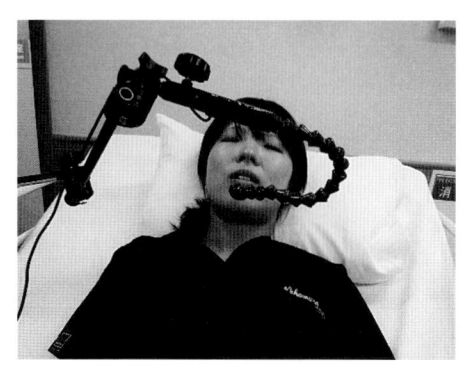

第 2 章　筋萎縮性側索硬化症に対する操作スイッチの適合

図 2-88　視野をさまたげる不適切な配置 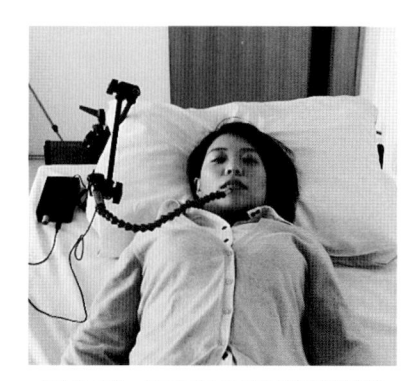　　図 2-89　下方からの適切な配置

　当事者の視野の中に固定具や操作スイッチが入り込むと意思伝達装置の画面の一部が塞がれ，見えない状態となる（**図 2-88**）．

　意思伝達装置の画面の視野内にフレーム，グーズネックや操作スイッチが入り込まないようにグーズネックを下顎下方から配置する（**図 2-89**）．

　意思伝達装置の背面側から当事者の顔面に操作スイッチが配置されていないことを確認する．

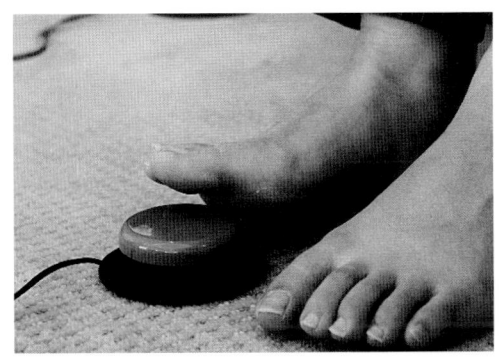

図 2-90 足関節の底屈動作に応じた高さの
スイッチ（ジェリービンスイッチ）

6 足部

足関節の底屈，足指の屈曲，股関節の外旋などを評価する．

6.1 動作・操作についてのステージ

① リモコンボタンなどは押せる．
② リモコンボタンなどを押すことはできないが，動きはある．

6.2 リモコンボタンなどは押せる

優位な動作を目視で確認し，意思伝達装置の操作を複数の操作スイッチで試行する．

該当する機種：スペックスイッチ，ジェリービンスイッチ，手押しスイッチ，ビッグスイッチ．

1) 複数機種で試行

足関節の底屈や足指屈曲動作を目視で確認し，意思伝達装置の試行でスイッチの操作を評価する．

足関節の底屈動作に応じた操作スイッチの高さ（厚み）と床の踵の接地の状況を観察する（**図 2-90**）．

足関節の底屈や足指屈曲の動作が比較的小さい状態では，手押しスイッチ（**図 2-91**）やスペックスイッチ（**図 2-92**）を試行する．

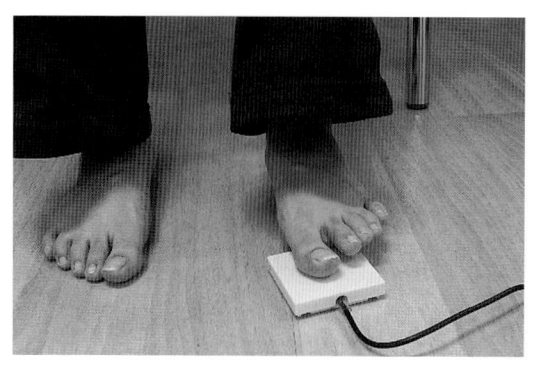

図 2-91 小さな動きに適したスイッチ（手押しスイッチ）

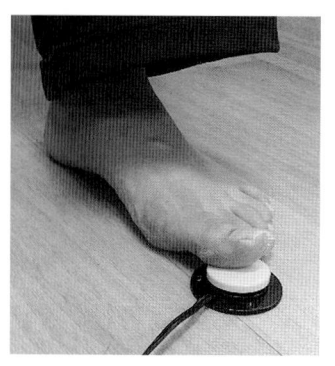

図 2-92 小さな動きに適したスイッチ（スペックスイッチ）

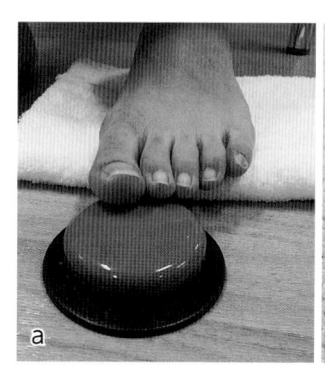

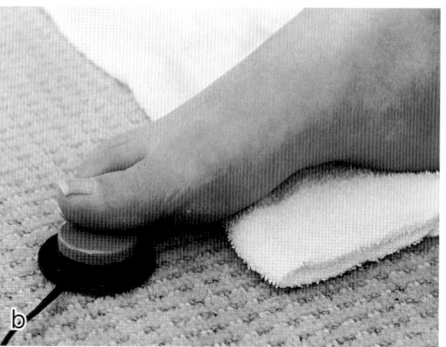

図 2-93 足部の支持
a. ジェリービンスイッチ，b. スペックスイッチ

2) 足部の支持と操作スイッチの固定

スイッチの操作の評価事項は以下のとおりとなる．

① 安静時の足底とスイッチ面の空間の確保．
② 足関節の底屈動作と母趾の屈曲動作．
③ 足部の荷重への支持の有無．

足部の支持を必要とする時のタオルなどの高さはスイッチ操作面と同等以上の高さにするのが基本となる（**図 2-93**）．スイッチの操作に適した足底の支持面を確認する．

足関節の底屈動作でビッグスイッチの操作に適した傾斜角などを確認し（**図 2-94**），スタンダードアームなどの固定具の妥当な設置場所を確定する．

下肢の肢位に関係なく，足関節の底屈動作に直交する位置ですべての指先が操作スイッチ面を同時に押し込む状態に設置する（**図 2-95**）．

操作スイッチをベッド上で使用するときは，スタンダードアームをフットボード

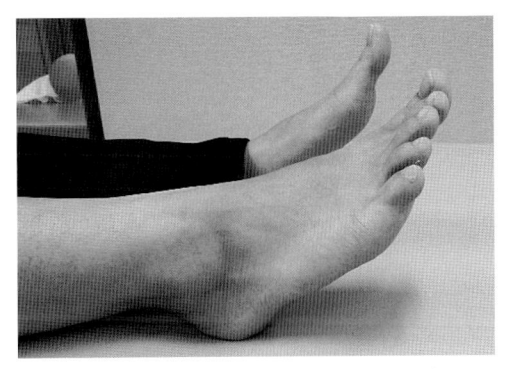

図 2-94 足関節の底屈動作の評価

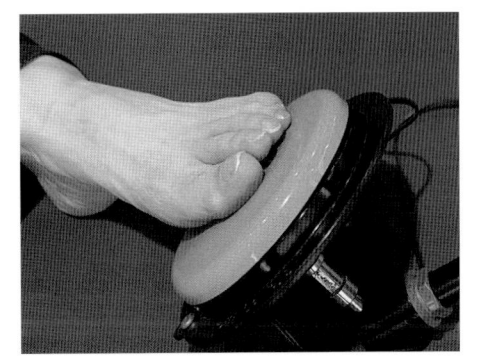

図 2-95 動作と操作スイッチ面

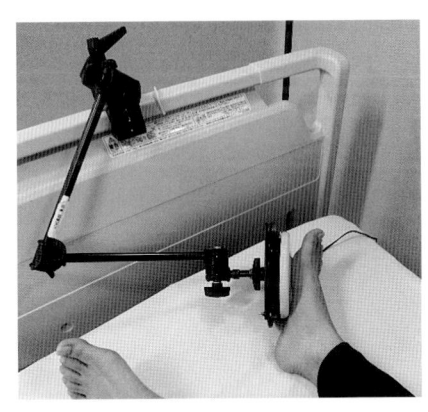

図 2-96 固定具の設置

図 2-97 固定具の検討（ウレタン）

に設置するのが基本となる．

　ギャッジアップなどにより姿勢が変化するため，意思伝達装置を使用する臥位の状態を確認し，設置場所などを確定する（**図 2-96**）．

　スイッチの操作により，時間経過に伴い外転位など下肢の肢位に変化が生じる場合があるため，試行の時間を十分にとって評価をする必要がある．

　足部とフットボードの間隔が狭く，既製品の固定具が使用できない時は，バスタオルや枕などではなく，ウレタンなど固定力のある素材で操作スイッチを設置する（**図 2-97**）．

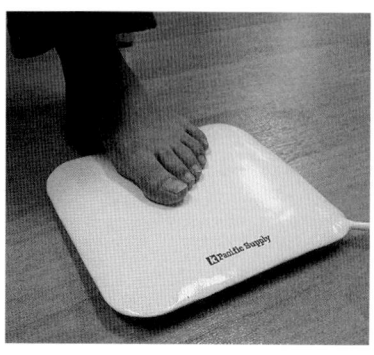

図 2-98　底屈動作のディップスポンジ・センサーの設置法

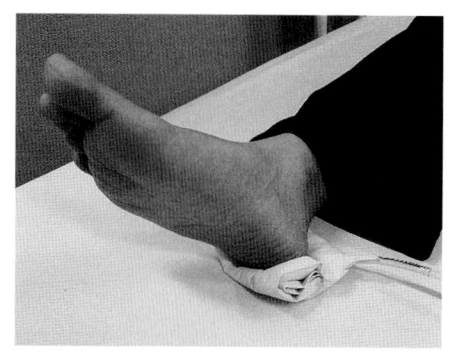

図 2-99　エアーバッグ・センサーを四つ折りにした形状

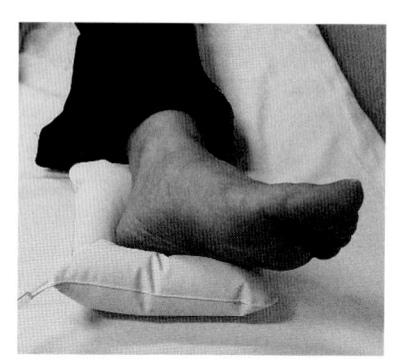

図 2-100　エアーバッグ・センサーを全開にした形状

6.3　リモコンボタンなどを押すことはできないが，動きはある

　　足関節の底屈・屈曲動作を目視で確認できる．
　　該当する機種：PPS スイッチ，ポイントタッチスイッチ

1) 踵

　足部全体をディップスポンジ・センサーに乗せた場合，底屈動作が発揮されないことがある．そのような場合，踵をディップスポンジ・センサーから外して設置する（**図 2-98**）．あるいはエアーバッグ・センサーを四つ折りの形状とし，踵が底付きするくらいの空圧にして足関節の底屈動作を感知するように設置する（**図 2-99**）．
　微小な足関節の底屈動作の場合は，足部が沈むようにエアーバッグ・センサーを全開にして大きく膨らませ，動作を確実に感知する位置に足部を乗せる（**図 2-100**）．

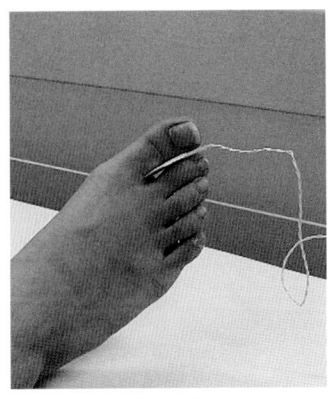

図 2-101　ピエゾ・センサーを指の間に設置

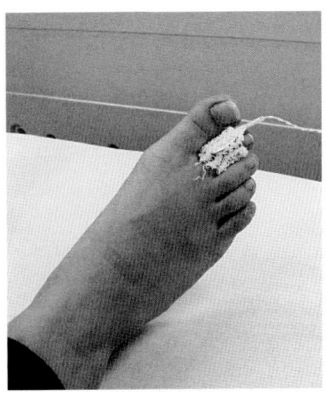

図 2-102　ネット包帯で固定する

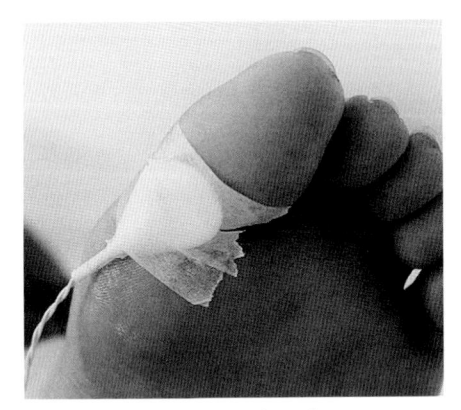

図 2-103　不適切なピエゾ・センサーの設置

2) 足指

　微小な動作のある指の間に，ピエゾ・センサーを挟み込む状態に設置する（**図 2-101**）．感度調節を行っても感知しない時は，ピエゾ・センサーを差込む方向や関節の当たる場所をずらすなど，設置を変えてみる．

　両指に微小な動作がある時は，大きな動作のある指側が感知しやすくなるようネット包帯にピエゾ・センサーを差し込む（**図 2-102**）．

　屈曲する方向にピエゾセンサーを貼り付けると，動作のたびにピエゾセンサーが身体部位から離れる力が作用するため剥がれやすくなる（図 2-103）．また，はがれないように強く押し付けて貼りつけることで，センサー部に負荷がかかり故障の原因ともなるため，指腹側に装着しない．

第3章

脊髄小脳変性症,
多系統萎縮症
に対する
操作スイッチの適合

1 はじめに

脊髄小脳変性症（SCD），多系統萎縮症（MSA）は，スイッチの操作が可能であったとしても，試行時に意思伝達装置などが直ちに使用できるとは限らず，初回は可能性の評価と操作の訓練に向けての準備となることが多い．

1.1 意思伝達装置の導入時の注意点

意思伝達装置の試行時にかろうじて使用できる状態の場合，意思伝達装置の使用を継続するための支援が必要となる．

試行時から導入に至る期間が1カ月以上を要する状況下では，機器が届いた時期には症状の進行により，すでにスイッチ操作が極めて困難な状態になっているリスクがある．

2 手指

運動失調や振戦などの不随意運動に惑わされず，末梢部の随意的動作の確認を目視と触診にて行う．

スイッチの操作に必要な動作とは，文字などの選択動作が的確であるだけでなく，スイッチ操作面からの速やかな離脱動作ができる状態をいう．

2.1 随意的動作の評価の仕方

評価者が指示した「キュー」に対する速やかな動作の有無について，目視ではなく触診にて確認を行う．

指定した数字，たとえば，「3」の時に握り込むように促し，「1，2，3…」と順次読み上げ，「3」の時に反応するかを確認する．この時，「…3，4，5」と読み上げ続け「5」の時に反応する状態では，意図的動作は困難と判断できる．

① 握る動作ができる．

該当する機種：手押しスイッチ，スペックスイッチ．

② 把持具や固定具の使用によって握る動作や屈曲動作などの随意的動作が発揮される．

該当する機種：スペックスイッチ．

③ 訓練効果の評価．

訓練などによる意思伝達装置の操作習得の可能性について評価する．

初回試行時で以下の状態にあれば，おおむね1カ月間での意思伝達装置の操作の練習を開始する．

ⅰ．操作をしない状態において誤操作が生じない：不適切な操作スイッチの機種選択にないことが前提．

ⅱ．選択操作において連打がない：時折，連打が生じる程度の不随意運動である．

2.2　握る動作ができる

運動失調や振戦など不随意運動が顕著ではない状態では，手押しスイッチによる単純なスイッチの操作の評価を行う．

意思伝達装置の操作での評価事項は，「選択動作時」の不随意運動による誤選択と「選択待機時」の不随意運動による誤選択の出現頻度である．

時間経過による動作の変化についての評価が必要であることから，操作開始時間を記録しておく．

形状の異なる手押しスイッチにて，誤動作や的確なスイッチ操作についての操作性の評価を行う．

操作スイッチからの離脱距離の不足により使用不可となることがある．スイッチの大きさだけでなく厚さも操作に影響を与えることから，機種選定の際は正確に評価を行う必要がある．

手押しスイッチを母指と手指に挟み込んだ使用法で，不随意運動による誤動作の有無を観察する（**図 3-1**）．操作スイッチを裏返して母指と手指に挟み込むと，不随意運動がスイッチに反映されないことがある．

スイッチ面に広く触れる把持の仕方であれば，示指などの不随意運動によるスイッチ面への影響が抑制され，誤動作を防止することがある（**図 3-2**）．

スペックスイッチが適応機種となる事例は少ないが，念のため，示指や中指の振戦などによる誤動作の有無を確認する（**図 3-3**）．

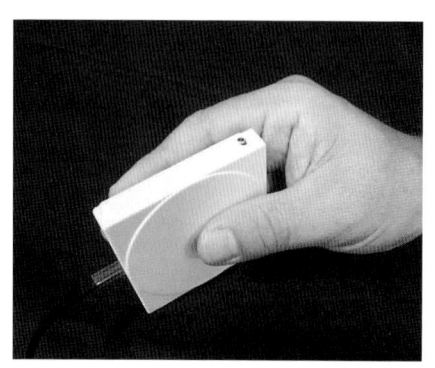

図3-1 中間位でのスイッチの操作（手押しスイッチ）

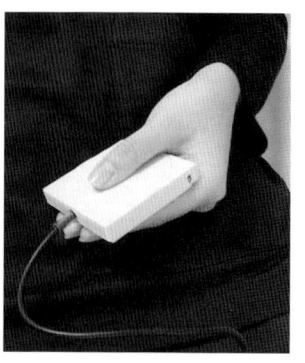

図3-2 不随意運動の影響が少ない操作スイッチの把持

図3-3 スペックスイッチ
a. 母指の内転動作，b. 中指や環指の屈曲動作

2.3 母指の屈曲

当事者の掌内に手を差し込み，触診および目視による随意的動作の評価を行い，選択動作に必要な動作の評価も併せて行う（**図 3-4**）．

1) 母指のピンチ動作の評価

当事者の母指および示指の間に指を差し込み，随意的なピンチ動作が発揮される状態となるかを確認する（**図 3-5**）．

母指と示指の間隔を可動域いっぱいに押し広げるなど，効果的な固定部位について評価を行う．

図 3-4　触診による評価

図 3-5　目視で随意性の評価だけでなく，触診による評価

図 3-6　母指の IP 関節の屈曲動作の評価

図 3-7　スペックスイッチをグリップに固定

2) IP 関節の屈曲動作

　　MP 関節を固定し，IP 関節の屈曲動作の随意性について評価する（**図 3-6**）．

　随意的な屈曲動作が確認された場合，円柱などの固定具にスイッチを取り付け，単なるスイッチ操作の確認を行った後，意思伝達装置の操作による評価を行う．30mm（φ）程度の円柱に台座を取り外したスペックスイッチを装着する（**図 3-7**）．

　把持固定具の準備がない場合は，スティックのりやヘア・カーラーなど家庭用品で代用する．

　操作スイッチ面の角に IP 関節が位置するよう調整を行い，スイッチの脱落の有無について確認をする（**図 3-8**）．

　スイッチの角の部分に IP 関節が位置することで，母指の振戦がスイッチに反映されない状態となる（**図 3-9**）．

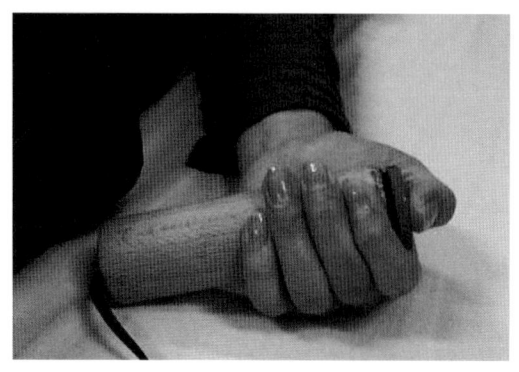

図 3-8　回外位での把持

図 3-9　回内位での把持
IP 関節の位置

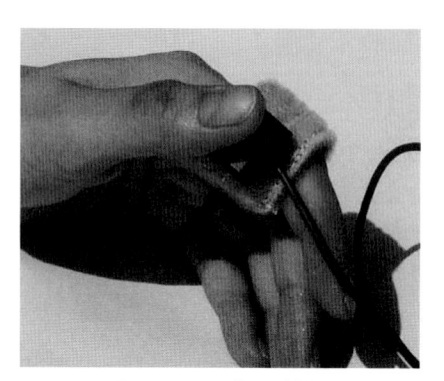

図 3-10　示指に装着

図 3-11　タクティルスイッチ

3) 運動方向の変化の観察

　　時間経過に伴いピンチ動作の運動方向が変化すると，スイッチ操作面にずれが生じ操作不能になるため，最低でも 20 分程度は試行を続ける必要がある．

　　ピンチ動作の場合，操作スイッチは一般的には示指に取り付けるが（**図 3-10**），時間経過に伴い示指との対立位の位置に変化が生じないかを観察する．

　　図 3-11 は製品化されていない操作スイッチである．

　　操作スイッチを示指ではなく母指に装着することで（**図 3-12**），ピンチ位置の変化に対応できる．

2.4　操作スイッチからの速やかな離脱動作

　　意思伝達装置におけるスイッチの操作の条件は，的確な選択動作を行えることにあるが，入力だけでなく，操作面からの速やかな離脱を連続動作として行える必要がある．

　　的確な入力の操作ができても，操作面からの離脱操作に時間を要する場合，スイッ

図 3-12　母指に装着

チ操作に必要な条件を満たしておらず，実用的使用の状態にはない．
　スイッチ操作面からの十分な離脱を確保するため，把持具やタオルを含む固定具などの補装具を必要とする場合がある．

第4章

意思伝達装置の
実用的使用の評価

1 カーソルの移動速度の適正評価

　意思伝達装置を快適に使用するには，操作スイッチの適切な機種選択および設置法だけでなく，適切な移動速度による操作であることが重要となる．

　移動速度は，可能なかぎり高速の設定が基本である．ただし，操作可能な最高速度が適切な移動速度となるわけではないため，当事者の負担の少ない操作となる総合的な評価が必要である．

　適切な移動速度とは該当項目の誤選択や選択操作のやり直しがない操作となる．このロスタイムとなる「やり直し」は，移動形態や開始遅延などの機能の有無により解決される可能性がある．

1.1　スイッチ操作の能力評価

　単純な文字選択操作における最高速度の評価を行う．

　この評価を行う前提条件として，操作スイッチが適切な使用状況にあることはいうまでもない．

　① 誤選択・「やり直し」が生じる速度を確認する．
　② 選択操作可能な移動速度を確認する．

　スイッチ操作の能力評価とは，選択操作における適正な移動速度の評価と操作可能な潜在的移動速度の評価である．

1.2　適正速度の評価の手順

　意思伝達装置の初期値の速度にて，文章作成の操作で誤選択などが発生しなければ移動速度を一段階速くし，評価者が指定した文字の選択操作で順次速度の変更を繰り返し行い，適切な移動速度の評価を行う．

　① 誤選択・「やり直し」操作が生じるまで移動速度を順次上げて評価を行う．
　② 誤選択・「やり直し」の「失敗操作」が2回生じた時点で評価作業を終了する．

　誤操作・「やり直し」の「失敗操作」が生じた「一段階前」ないし「二段階前」の設定が適正速度となる．

1.3 速度の評価方法

以下の例にあげる移動速度の単位は 0.1 秒としているが，本書の執筆時には意思伝達装置の移動速度の単位は 0.1 秒ごとの設定はされていない．

指定した文字の選択操作ができた時は，より速い移動速度に変更し，指定文字の選択操作を各 1 回での試行により評価する．

表 4-1 は，1.0 秒，0.9 秒の速度設定で操作が行え，0.8 秒の設定では操作の失敗が生じたことを示す例である．この結果からは，適正速度は 1.0 秒もしくは 0.9 秒と判断される．

表 4-2 は適正速度の設定に微調整が妥当と判断される例である．1.0 秒，0.9 秒の設定では操作が行え，0.8 秒では初回は失敗であったが，2 回目の試行で操作が行えたことを示す．潜在的な操作能力は 0.8 秒と判断され，練習いかんでは操作可能な最高速度を意味する．適正速度は 0.9 秒と 0.8 秒の間と判断されるため，0.85 秒による試行が必要とされる．

執筆時の時点では実現されていないが，意思伝達装置における移動速度単位として，標準装備される必要性はある．

表 4-1　簡易評価例

秒＼回	1	2
1.0	○	
0.9	○	
0.8	×	

適正速度：1.0 か 0.9sec

表 4-2　詳細評価例

秒＼回	1	2
1.0	○	
0.9	○	
0.8	×	○
0.7	×	×

適正速度 = 0.9 か 0.95sec
操作可能な最速 = 0.8sec
潜在的適正速度 = 0.85sec

2 実用的な活用の評価

　意思伝達装置の使用の評価は，操作スイッチの適合だけでなく，実用的に活用できる使用環境なども重要となる．

　スイッチ操作が可能であっても以下の状況では，意思伝達装置などの実用的使用の条件を満たしていない．

2.1　高頻度の体位交換

　当事者は自身の身体と格闘している状態であることが多く，意思表示を意思伝達装置にて発信する「ゆとりのある」精神状態にはない．

　体位交換ごとに操作部位の肢位の調整とスイッチ位置の調整を要し，特定の肢位のみでしか使用できないなどは実用性に乏しい状態である．

2.2　安定した姿勢の維持が困難

　体幹や頭部の安定した姿勢を維持できない身体状況では，頭部や頸部，腕などでのスイッチ操作が可能であっても，操作スイッチとの位置関係が安定せず限定された時間での操作となるため，現実的な使用状態にはない．

　操作スイッチと操作部位との安定した位置関係を維持することが困難な姿勢の場合，操作可能な姿勢に限定された実用性に乏しい条件付きの使用となる．

2.3　すぐに疲れる

　全身の健康管理の課題が優先され安静を要する状況にあり，意思伝達装置を活用できる身体的・精神的状況にはなく，意思疎通に関しては簡易な手法が有効な状態にある．

2.4　生活動作を妨げる使用法

　電動ベッドの手元リモコン，テレビのリモコン，チャイム操作と操作部位などが競合する環境下では，使用する機器の優先順位が低い．

　日常生活の動作や行為に支障をきたす機器の使用は，日常生活に著しい制約を強いることとなり，意思伝達装置の使用の利点を実感できない．

2.5 負担を強いる使用法

操作スイッチ装着によって強い違和感がある状態.

2.6 意思伝達装置などの極端な低速移動速度の設定

移動速度が 2 秒以上の低速の場合，やり直しや誤選択などで多大な時間を要し，実時間での意思疎通は困難を極めるため，導入当初時のみの限定使用で終わる傾向にある.

ただし，文章作成など記録としての筆記機能が目的の場合は，実用的な使用状態にある.

3 操作困難な身体機能

身体状況が以下の状態では，操作スイッチの活用が極めて困難といえる．

3.1 皮膚刺激による装着の拒絶

テープの装着に強い違和感や不快感があり，使用できない．
皮膚装着方式以外の手段がない場合，スイッチ操作にとって有効な動作が確認されても機器操作は不可能となる．

3.2 装着によるスキントラブル

皮膚装着方式以外の手段がなく，装着によるスキントラブルが生じる場合，選択肢がないため使用は不可能となる．

3.3 微小かつ緩慢な動作

操作スイッチが感知できないぐらい微小かつ緩慢な動作．

3.4 動作開始の遅延

動作開始の遅延など，随意的運動の消失．
寡動，無動状態による選択動作の遅れ．

3.5 振戦など不随意運動の抑制不能

関節の固定や把持具の使用などにおいても，振戦による選択操作時の二度打ちが起こる．
振戦など不随意運動による誤動作の多発．

3.6 筋緊張の亢進

おおむね20分間の継続操作で脱力不能となる．

3.7 随意運動を妨げる痙性の出現

　筋萎縮性側索硬化症（ALS）は進行に伴い筋力が低下することで，スイッチ操作の動作が消失すると思われているが，中枢神経の上位ニューロンが優位に障碍されている人では，痙性麻痺が出現することがある．

　支援者や介護者がこの痙性による動きを動作と捉えてしまい，操作スイッチの選定や設置方法を適切に行いさえすれば，意思伝達装置の使用を継続できると考えてしまうことがある．しかし，文字選択の誤動作が移動速度の設定が不適切と判断し低速移動の設定変更を行っても誤選択は改善されない．

　このような場合，日常の合図の動作が遅延する頻度が高くなる兆候がすでに見受けられることが多く，身体状況を的確に把握する必要がある．

4 支援者の役割

　コミュニケーション障碍の支援は，イコール意思伝達装置の導入ではない．意思疎通を図る手段には意思伝達装置を用いない方法もあり，機器導入は支援の一つといった意味合いである．

　支援者自身が対応するのではなく，ひらがな50音表の「透明文字盤」や支援者がひらがな50音を順次読み上げる「くち文字」の読み取りができる人材の派遣もある．これらの支援の形態は多岐にわたることから，実態に応じた手段を講じる必要がある．

　当事者が意思伝達装置などを「使いたがらない」状況を，支援者が自分自身の未熟な技術が原因と思い込み，機器導入の押し付けに気づかない当事者不在の支援となっている場合がある．

　一律に「道具を使えるようにするのが自分の仕事」と捉えず，拒否の背景について考えることこそが求められている支援の入り口といえる．

　「拒否」も明確な要求・要望であって，それは未来永劫不要という意味でもないが，コミュニケーション障碍に陥ったすべての人が意思伝達装置を使うわけではなく，人との触れ合いの方法は多種多様に存在する．大切なことは，当事者が誰と触れ合うことを望んでいるかを感知することである．

4.1　適合評価者に求められる能力

　操作スイッチの適合性とは，機器使用における当事者の満足度の向上にある．当事者の快適性などへの感知度が低い評価者であると，操作部位や機種選定が妥当であっても当事者は押し付けられたと感じることがあり，実用的な活用に至らないことがある．

　当事者の満足度を高めるために，評価者には以下の内容が求められる．

1) 身体運動機能の評価

　身体機能評価が不十分であると不適切な機種選定や不適切な設置法となり，スイッチの操作に不向きな動作を強いることになる．

2) 適切な機種の選定

操作スイッチの特性や運動機能の関係性（マッチング）への理解が不十分であると不適切な機種選定となり，操作能力が有効に発揮されないことになる．

3) 適切なスイッチの設置

操作スイッチの配置や固定力が不適切であると安定操作を阻害する使用環境となり，不要な筋力の使用・運動を強いることになる．

4) 簡便な設置法の選定

設置作業に時間を要するなど家族・介護者に負担を強いる設置法の場合，実用的な使用に至らないことがある．

操作スイッチの管理者（家族・介護者）の力量も考慮に入れた設置法を検討する必要がある．

5) 機器活用の実用性，短期訓練の有効性の評価

操作スイッチの使用法の習得が短期間で達成される状況にないと，操作スイッチを含む意思伝達装置などが練習道具と化してしまうことになりかねない．短期間での習得効果が得られる計画を立て，期間を区切った取り組みにする必要がある．

6) 設置者への説明

操作スイッチの使いやすい使用法や設置のコツなどについての説明が不十分であると，使い勝手の悪い設置法となるだけでなく，変化に対応する創意工夫を妨げる結果となる．家族・介護者などにわかりやすい説明を心がける必要がある．

4.2　意思伝達装置の使用断念の先

支援者があらゆる可能性に前向きに取り組むことが大切であることはいうまでもないが，随意運動の喪失により操作スイッチの使用が困難となった当事者に生体信号による意思疎通の機器の使用を提案することは，成功事例が皆無に近い現状では慎重を期す必要がある．

善意の提案を断れないために，家族を追い込むことがあり，この時期は特に注意を要する．心的負担を強いる支援とならぬ配慮が求められる．

当事者・家族間で時間をかけて納得した背景を推測できる感性も大切であり，見守ることも支援の一つの形態といえる．

4.3 評価者の技能ステージ

　操作スイッチの活用による支援では，まずは意思伝達装置などが活用できる環境を整えることが重要であり，その過程でより快適に使用できる状態にする支援技術が必要となってくる．

　この支援技術の向上には大まかに4つのステージがあり，量的な対応を質的な技術へ転化する力量ともいえる．

① まずは使える状態にできる．
② もっと楽に使える状態に改善できる．
③ 他者の行った機種選定を否定せず，設置法などを変更することで継続使用へとつなげられる．
④ 設置手法のポイントをわかりやすく論理的に伝達できる．

第5章

操作スイッチの適合事例

1 操作スイッチの適合事例の紹介

本章では，筆者がこれまで評価・適合した事例を紹介する．

1.1　事例1：ALSの男性（手押しスイッチ）（図5-1）

① 疾患名と性別：ALSの男性．
② 姿勢：車椅子座位．
③ 操作部位と動作：母趾の屈曲動作．
④ 操作スイッチの機種名：手押しスイッチ．

足で床に文字を書き意思疎通を図る生活をしていることから，足による操作でスペックスイッチ，ジェリービンスイッチ，手押しスイッチの3種で母趾の屈曲や足関節の底屈動作による試行評価を行った．

スイッチの厚さにより離脱空間が不十分なため，不要な動作や足部の支持を強いる状態にあった．

そこで，手押しスイッチを足元から少し離した配置にすることで，下腿の荷重位置が踵部となり，操作スイッチに操作部位が荷重されることもなく，安定した操作方法となった．

1.2　事例2：ALSの男性（ジェリービンスイッチ）（図5-2）

① 疾患名と性別：ALSの男性．
② 姿勢：臥位．
③ 操作部位と動作：前腕回内位，中指DIP関節の屈曲動作．
④ 操作スイッチの機種名：ジェリービンスイッチ．

操作スイッチの再評価の事例で，ジェリービンスイッチを使用している．

手掌部を支持した状態でMP関節の屈曲動作の評価を行ったところ，屈曲動作は十分にあることが確認できたが，ジェリービンスイッチを操作する筋力はない状態であった．

最大筋力を発揮する部位を特定するため，触診による評価を行い，中指の末節部が最大であることが確認された．

図5-1　手押しスイッチ 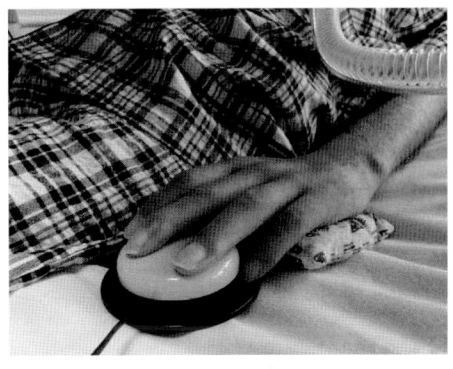　　　　　　図5-2　ジェリービンスイッチ

図5-3　ポイントタッチスイッチ 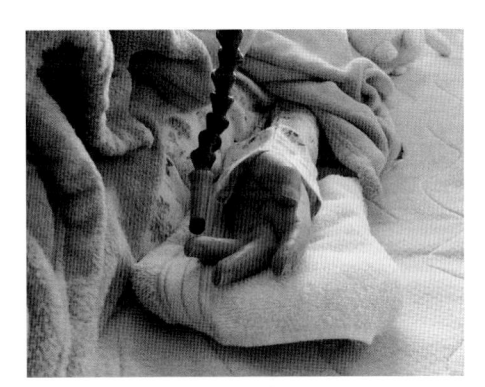　　図5-4　ポイントタッチスイッチ

　　手掌部を小さな枕で支持し，ジェリービンスイッチを操作部位の近くではなく遠方側に設置し，操作スイッチも操作部位の支持具とすることで，中指の筋力が効果的に発揮される肢位にしている．

　　機種変更をせずとも継続使用は可能であるが，介護者の設置作業の軽減のため，PPSスイッチへの変更の手続きをすることとなった．

1.3　事例3：ALSの男性（ポイントタッチスイッチ）（図5-3）

① 疾患名と性別：ALSの男性．
② 姿勢：車椅子座位．
③ 操作部位と動作：頭部の回旋動作．
④ 操作スイッチの機種名：ポイントタッチスイッチ．

　　ポイントタッチスイッチを設置する位置は，頭部の円滑で大きな回旋動作の初動方向側が基本となるが，家族を見るなど生活動作と重なる場合，誤反応が必発となるため，生活様式も含めた配慮が必要となる．

　　また，ポイントタッチスイッチを固定するスタンダードアームなどの設置形状

第 5 章　操作スイッチの適合事例

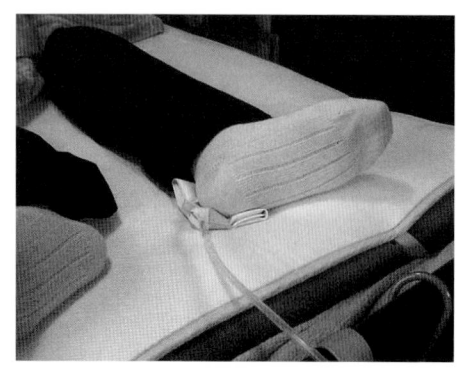

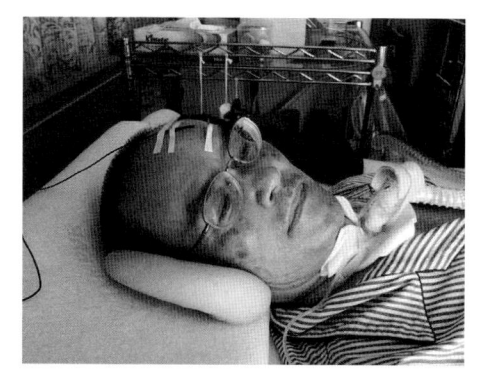

図 5-5　PPS スイッチ　　　　図 5-6　ピンタッチスイッチ

は，介護作業などの妨げにならぬようコンパクトに改善する．

1.4　事例 4：ALS の女性（ポイントタッチスイッチ）（図 5-4）

① 疾患名と性別：ALS の女性．
② 姿勢：臥位．
③ 操作部位と動作：左環指の屈曲動作．
④ 操作スイッチの機種名：ポイントタッチスイッチ．

右手の前腕回外位による示指の屈曲動作でスイッチ操作を行っていたが，操作が困難となり再評価となった事例．

左手の指先の動作が目視で確認されたが，回外位や中間位では環指の屈曲動作は効果的に発揮されず，やや回外位の肢位が最大動作となる状態にあった．

そのため，安定した肢位になるようタオルで手掌部を支持し，左環指の屈曲動作を確保している．

1.5　事例 5：ALS の男性（PPS スイッチ）（図 5-5, 6）

① 疾患名と性別：ALS の男性．
② 姿勢：臥位．

1) チャイムコールの操作
① 操作部位と動作：足関節の底屈動作．
② 操作スイッチの機種名：PPS スイッチ．

目視にて足関節の微小な底屈動作が確認された．底屈動作をスイッチ操作として有効に発揮できるよう四つ折りにした形状のエアーバッグを指先側に置くので

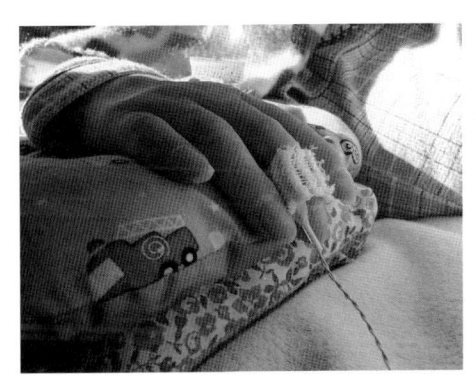

1 操作スイッチの適合事例の紹介

図 5-7　ピエゾ・センサー

はなく，踵部に乗せる設置とした．
　足関節の微小な底屈動作を的確に感知するよう踵部のみをエアーバッグに乗せることで不要な動作の感知を排除でき，下肢に違和感が生じない空圧を最小にした使用法となっている．

2) 意思伝達装置の操作
　① 操作部位と動作：前頭筋．
　② 操作スイッチの機種名：ピンタッチスイッチ．
　本事例は表情が豊かで前頭筋の起始・停止の間隔が広く，眼球の挙上動作が額の大きなしわの動きとして現れる状態にあるため，ピンタッチスイッチの使用となった．
　ビニールテープを装着するため，スキントラブルのリスクがないことを確認し，設置している．
　注意点として，ピンタッチスイッチの設置には手順があり，不適切な位置に装着した場合，先端部のずれや脱落防止のために大量のビニールテープで固定することになり，額の動きを阻害する原因となることを説明した．

1.6　事例 6：ALS の男性（PPS スイッチ）（図 5-7）

　① 疾患名と性別：ALS の男性．
　② 姿勢：臥位．
　③ 操作部位と動作：中指の屈曲動作．
　④ 操作スイッチの機種名：PPS スイッチ．
　症状の進行に伴いスペックスイッチから PPS スイッチへ変更した当初は，示指の末節の指腹にピエゾ・センサーを取り付け，手掌部の支持面となるクッショ

第 5 章　操作スイッチの適合事例

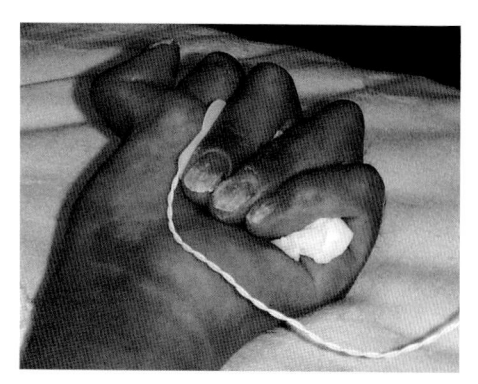

図 5-8　ピエゾ・センサー

ンに押し付ける動作でスイッチの操作を行っていた．

　しかし，徐々に示指での操作が困難となったため再評価を行ったところ，中指のDIP関節の微小な屈曲動作が確認された．そこでDIP関節の指背ではなく，効果的に感知する側面にピエゾ・センサーを装着する方法とし，固定法には簡便なネット包帯を用いた．

1.7　事例 7：MD の男性（PPS スイッチ）（図 5-8）

　① 疾患名と性別：MD（筋ジストロフィー）の男性．
　② 姿勢：臥位．
　③ 操作部位と動作：前腕回外位，母指の屈曲動作．
　④ 操作スイッチの機種名：PPS スイッチ．

　握る動作を目視で観察した結果，変形拘縮した母指の MP 関節を中指方向に押し付ける動きが確認できた．

　母指の初動方向の評価を行い，ピエゾ・センサーが確実に中指に押し付けられる状態になるようティッシュペーパーを握り込む状態にしたところ，中指の位置が母指の IP 関節に広く当たるようになり，的確にピエゾ・センサーが感知するようになった．

　突起した骨の部位にピエゾ・センサーを差し込むだけの極めて簡便な使用法とした．

1.8　事例 8：ALS の女性（手押しスイッチ）（図 5-9, 10）

　① 疾患名と性別：ALS の女性．
　② 姿勢：臥位．
　③ 操作部位と動作：前腕の回内動作．

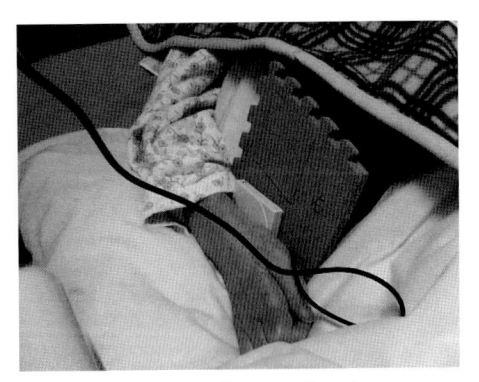

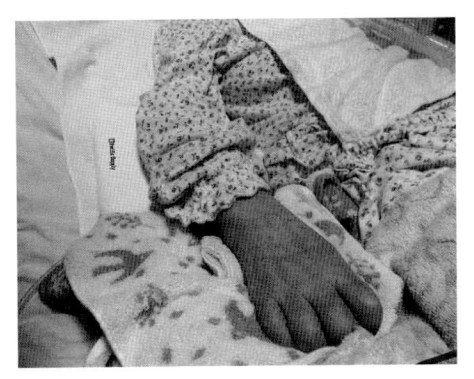

図 5-9　手押しスイッチ　　　　　図 5-10　PPS スイッチ

④　操作スイッチの機種名：手押しスイッチ．

指先の筋力は弱く，腕が微小に前後する状態あり，前腕を中間位にすることで回内動作が顕著に現れた．

回内動作で最大の筋力が発揮される部位を触診にて確認し，安定した中間位の肢位となるよう肘の状態も触診にて確認している．

布団に押し当てる動作となるため，操作スイッチの反力を確実にする必要があり，スイッチ固定具の工夫を家族が現在も重ねている．

1) 症状の進行に伴う再適合

①　操作部位と動作：前腕の回内動作．
②　操作スイッチの機種：PPS スイッチ．

症状の進行に伴い手押しスイッチの使用が困難となったため，再適合により微弱な回内動作を感知する PPS スイッチのディップスポンジ・センサーの使用に変更した．

微弱な回内動作を確実に感知するようディップスポンジ・センサーを橈骨側にタオルで補高している．

1.9　事例9：SCD の男性（特注スイッチ）

①　疾患名と性別：SCD の男性．
②　姿勢：臥位．
③　操作部位と動作：母指のピンチ動作．
④　操作スイッチの機種名：特注スイッチ．

振戦はあるが，母指と示指とのサイドピンチ動作の随意性は十分だった．特注

第 5 章　操作スイッチの適合事例

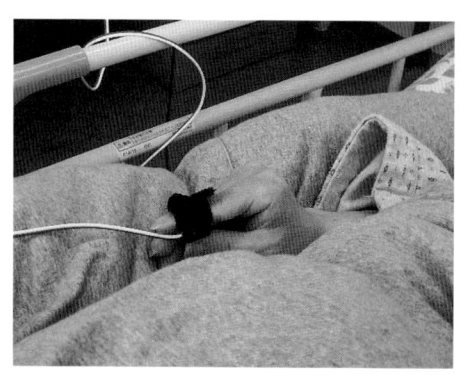

図 5-11　タクティルスイッチ（特注品）

のスイッチ（**図 5-11**）を指先に巻き付けたところ，意思伝達装置の操作時に振戦による誤操作は生じない状況にあった．

　時間経過に伴いサイドピンチ動作の運動方向に変化がある場合，操作スイッチを示指ではなく母指に取り付けることで，運動方向の変化の影響を受けずに済む母指が示指や中指を押し付ける動作でもスイッチ操作ができるように，使用時の身体状況に応じて，取り付け個所の工夫が必要となる．

おわりに―適合技術は変化を遂げる

　操作スイッチの適合技術は，新たな操作スイッチの開発などの技術革新によってだけでなく，豊富な実践からも変化を遂げる．

　コミュニケーション障碍の支援に携わる者には，固定概念や先入観をもって適合評価を行わず，柔軟な姿勢で取り組むことが求められる．

　繰り返しになるが，機器の導入がコミュニケーション障碍におけるリハビリテーションの最終ゴールではない．家族・当事者に寄り添う支援がなによりも重要であって，技術はあとからついてくるものである．

　操作スイッチの適合技術の資料の作成は，20年程前に，当時横浜市総合リハビリテーションセンターに所属されていた畠山卓朗氏の「頭の中にあるものを出す必要がある」との一言から始まった．

　本書の出版にあたり，写真撮影に全面的な協力をいただいた国立精神・神経医療研究センター身体リハビリテーション部および国立病院機構東京病院のリハビリテーションセンターの皆様と本書の監修を快諾していただいた東京の支援者ネットワークの活動などで長年おつきあいのある東京都作業療法士会会長の田中勇次郎氏に謝意を表します．

　また，この出版は埼玉県総合リハビリテーションセンターの河合俊宏氏の存在なくしては実現せず，心より感謝いたします．

　筆者は，今後の課題である「誰でも適合技術が行える」理論の実現を切望してやみません．

2016年8月

パシフィックサプライ株式会社
川村義肢株式会社
日向野和夫

日向野和夫（ひがのかずお）

パシフィックサプライ株式会社，川村義肢株式会社．
1980年代後半から意思伝達装置の操作スイッチ適合に携わる．年間45～100例ほどの患者に操作スイッチを適合し，リハビリテーション専門学校の授業や近年は作業療法士や理学療法士，家族に向けて全国で講習会を行う．当事者が真に使いやすく，誰でも設置できる操作スイッチの適合と機器の開発を目指している．

田中勇次郎（たなかゆうじろう）

一般社団法人東京都作業療法士会　会長．認定作業療法士，専門作業療法士（福祉用具）．
1980年に東京都立神経病院に勤務して以来，神経筋疾患患者へのコミュニケーション手段獲得のためのＩＴ活用支援を実施している．
この間，重度障害者用意思伝達装置の開発にも携わる．現在，作業療法士が障害者ＩＴ活用支援者として活躍できるよう後輩の育成に取り組んでいる．

重度障害者用
意思伝達装置 操作スイッチ適合マニュアル

発　行	2016年9月16日　第1版第1刷Ⓒ
著　者	日向野和夫（ひがのかずお）
医療監修	田中勇次郎（たなかゆうじろう）
発行者	青山　智
発行所	株式会社 三輪書店
	〒113-0033　東京都文京区本郷6-17-9　本郷綱ビル
	TEL 03-3816-7796　FAX 03-3816-7756
	http://www.miwapubl.com
装　丁	株式会社 イオック
印刷所	新協印刷 株式会社

本書の内容の無断複写・複製・転載は，著作権・出版権の侵害となることがありますのでご注意ください．

ISBN 978-4-89590-577-0 C 3047

JCOPY ＜（社）出版者著作権管理機構　委託出版物＞
本書の無断複製は著作権法上での例外を除き禁じられています．複製される場合は，そのつど事前に，（社）出版者著作権管理機構（電話 03-3513-6969，FAX 03-3513-6979，e-mail：info@jcopy.or.jp）の許諾を得てください．

■ なぜ障害が起こるのか？どのような世界なのか？？一目で分かる！！

やさしいコミュニケーション障害学
基礎からわかる言語聴覚療法の実際

編集　八王子言語聴覚士ネットワーク

医療従事者にとって、必要な知識の一つコミュニケーション障害について、初学者や患者家族でも容易に分かるイラストのみを厳選し、平易な文書で理解が促進されるよう工夫がされている。

また、障害のポイントや重要な知識については、簡潔に解説し、学習できるようになされている。

特に本書では「難聴」「構音障害」「失語症」「高次機能障害」「認知症」「言語発達障害」などといった障害を中心に、その症状、評価の方法、リハビリテーション、コミュニケーションの取り方などを具体的に説明し、さらに症例紹介を通して臨床場面における障害への対応イメージを明確にしているところが特徴である。

難しい成書を読む前の知識の一助として、患者やその家族への教育として使える待望の一冊。

■ 主な内容

第1章 コミュニケーション障害概論
1. 対人援助職におけるコミュニケーションの重要性
2. コミュニケーションとは
3. 言葉が表出・理解されるまでの流れ(言葉の鎖)
4. それぞれの段階における障害について
5. 言語聴覚士とは
   Column「地域包括ケアシステム」

第2章 難聴
1. 難聴とは
2. 聞こえの仕組み
3. 伝音性難聴と感音性難聴
4. 発症時期による分類と特徴
5. 難聴の症状とその影響
6. 難聴の評価
7. 聴覚補償(補聴器と人工内耳について)
8. 難聴と社会福祉について
9. 難聴がある人とのコミュニケーションのコツ
10. 事例(加齢性難聴)

第3章 構音障害
1. 構音障害とは
   Column「摂食・嚥下障害とは」
2. 運動障害性構音障害の原因と分類
   Column「音声障害とは」
   Column「吃音とは」
3. 構音障害の影響
4. 構音障害がある人とのコミュニケーションのコツ
5. コミュニケーションを助ける道具
6. 構音障害の評価
7. 構音障害のリハビリテーション
8. 事例(構音障害)
   Column「喉頭摘出者の代替発声」

第4章 失語症
1. 失語症とは
2. 失語症の症状
3. 失語症のタイプ
4. 失語症がある人とのコミュニケーションのコツ
   Column「ひらがなよりも漢字のほうが簡単なの？」
5. コミュニケーションを助ける道具
6. 失語症とともに生きる
7. 失語症の評価
8. 失語症のリハビリテーション
9. 事例(失語症)

第5章 高次脳機能障害と認知症
1. 高次脳機能障害とは
   Column「厚生労働省による高次脳機能障害の定義について」
2. 高次脳機能障害の評価
3. 高次脳機能障害のリハビリテーション
4. 高次脳機能障害がある人とのコミュニケーションのコツ
   Column「社会資源を利用する」
5. 事例(高次脳機能障害)
6. 認知症とは
7. 認知症の症状
8. 認知症を引き起こす病態と特徴
9. 認知症の評価
10. 認知症のリハビリテーション
    Column「認知症の薬」
11. 認知症がある人とのコミュニケーションのコツ
12. 事例(認知症)

第6章 子どもの言語発達障害
1. 言語発達障害とは
2. 言語発達障害の原因
3. 言語発達障害の検査
4. 指導・支援とコミュニケーションのコツ
5. コミュニケーションを助ける道具
6. 事例(発達性ディスレクシア)

付録　拡大・代替コミュニケーション(AAC)の考え方

● 定価(本体 2,500円+税)　B5　216頁　2016年　ISBN 978-4-89590-557-2

お求めの三輪書店の出版物が小売書店にない場合は、その書店にご注文ください。お急ぎの場合は直接小社に。

三輪書店
〒113-0033 東京都文京区本郷6-17-9 本郷綱ビル
編集 03-3816-7796　FAX 03-3816-7756　販売 03-6801-8357　FAX 03-6801-8352
ホームページ：https://www.miwapubl.com